보고, 듣고, 느끼며,

메멘도 아르스
Memento Ars

보고, 듣고, 느끼며,

메멘도 아르스

초판 1쇄 발행 2025년 4월 21일 펴냄
신인선 · 차호성 지음

펴낸곳   모노폴리
발행인   강정미
편 집   신동욱
마케팅   김민수

출판등록   2005년 8월 9일 제2005-48호
주   소   경기도 파주시 회동길 480 아트팩토리 B동 437호
대표전화   031-944-6692
팩시밀리   031-944-6693
홈페이지   www.mpmusic.co.kr

ISBN 978-89-91952-91-1 (03670)

보고, 듣고, 느끼며,

메멘도 아르스
Memento Ars

신인선 · 차호성

모노폴리

서문

현대에 들어 사람들의 생활이 안정되고 윤택해지며 문화나 예술에 대한 관심도 높아졌다. 그래서 우리 주변에서 열리는 전시회나 음악회를 찾아 감상하기도 하고, 다른 나라로 여행하며 영상매체를 통해 접했던 문화유산을 직접 만나기도 한다. 그러면서 '예술' 또는 '고전'이란 단어를 쉽게 말하기도 한다. 그러나 사실 예술이나 고전이란 단어를 정확하게 설명할 수 있는 사람은 많지 않다. 늘 말하고 쓰던 용어라서 그저 익숙할 뿐이지.

이전까지는 미술이나 음악, 건축 등과 같은 예술 영역에서 그에 속한 작품과 예술가 그리고 그 역사를 많이 언급했다. 그러나 사람들이 역사 깊은 도시나 유적지 또는 전시장에서 무엇인가를 관람할 때, 한 영역만의 전문적인 지식을 가지고 그것들을 볼 수는 없다. 더구나 최근 들어 미술이나 음악이 더 이상 독자적인 창작을 고집하지 않고, 서로 조화하고 융합되면서 관람객은 작품을 이해하기에 혼란스럽기까지 하다. 이런 현상은 비단 최근에 특별히 일어난 일이 아니었다. 작품이 만들어지고, 그것을 바라보는 사람들이 많아지며 전통을 이루게 되었고, 발전과정에서 독자적인 발걸음보다는 다른 영역의 예술과 늘 조화를 이루고 영향을 주고 받았다. 그래서 그런 과정을 알기 쉽게 설명해보면, 우리가 만나는 수많은 예술작품들의 본질과 의미를 조금은 더 이해할 수 있을 것이란 생각에 이 책을 쓰게 되었다.

이 책은 7장으로 구성되었다. 첫 장부터 마지막 7장까지를 크게 보면, 시대적인 순서로 놓여 있다. 그러나 음악사나 미술사를 정리한 책들과는 조금 다르게 진행된다. 각 장은 역사의 순서에 집착하지 않고, 예술사적인 의미나 특별한 작품을 통한 예술의 융합적 관점을 우선으로 서술되었다.

1장에서는 예술이란 개념에 대해 먼저 간단하게 정리하는데, 그것의 시작을 그리스 로마 신화에서 개념이 정립되는 과정으로 살펴보았다. 그리고 미술이 예술이었던 때에서 점차 다른 영역에서 나타난 예술 개념의 성장 과정을 철학자들이나 예술가들의 견해를 바탕으로 설명하였다.

2장은 신화에서 주제를 가져온 다양한 예술작품을 비교하였다. 서양 예술을 주로 이야기하기 때문에 그리스 로마 신화를 주제로 한 음악이나 미술작품을 예시하였다. 같은 주제로 음악 특히 오페라와 회화작품에서 작곡가들과 화가들이 어떻게 신화를 이해하고 자신들만의 어법으로 승화시켰는지를 비교해 보는 것도 흥미로운 일일 것이다.

3장은 종교와 예술의 밀접한 연관성을 작품과 작가들을 통해 접근하였다. 서양의 대표적인 종교는 기독교이기 때문에, 아무래도 성당이나 교회와 같은 건축물과 그 안에 있는 시각적인 예술을 먼저 보았다. 그리고 그 안에서 연주되었던 음악작품을 통해 종교와 예술의 관계를 살펴보았다. 르네상스 이후 인본주의가 등장하며 예술작품에서 종교적인 의미가 변화되는 모습도 함께 관찰하였다.

4장은 18세기 고전주의시대를 집중 조명하였다. 신화나 종교의 울타리를 넘어 계몽주의사상이 꽃을 피웠던 시대에 음악이나 미술 등 예술에서의 변화와 학문적인 접근이 어떤 식으로 시작되었는가를 음악작품, 회화작품 그리고 학자들의 견해 등을 통해 알아보았다.

5장에서는 4장의 내용을 조금 더 구체적으로 접근하였다. 계몽주의의 영향을 받은 것부터 계몽주의에 반발하기 시작하는 과정에 음악과 미술에서의 관점의 다양성과 차이를 설명하였다. 구체적인 작품을 예로 들며, 작곡가와 화가들이 당시 상황을 어떤 방식으로 이해하고 창작에 수용하였는가를 다루고 있다.

6장에서는 우리가 많이 감상하는 작품과 그것을 창작한 작곡가나 화가들을 중심으로 낭만주의를 살펴보았다. 이전시대에 비해 더욱 구체적이고 세부적인 비교 관점들을 19세기에 시대적 상황과 그에 따른 예술가들의 고뇌와 도전 등을 작품을 통해 찾아 보았다.

7장은 예술 창작에 영향을 끼칠 수밖에 없었던 과학과 기술의 연관성을 작품과 악기 그리고 그림 매체 등을 통해 알아보았다. 예술에서의 과학기술과의 연관성을 이야기하자면 자연스럽게 20세기의 창작과정을 꺼내게 되지만, 가능한 독자들이 이해할 수 있는 작품이나 경향 안에서 설명하고자 노력하였다.

이 책은 음악을 들을 수 있는 QR코드를 포함하고 있다. 음악작품을 실제 영상을 통해 감상한다면, 본문의 설명을 이해하는데 조금은 도움이 될 것이다. 독자들이 본문에 언급된 시각예술 작품을 눈으로 보고 음악까지 감상할 수 있다면 더 좋을 것 같다. 4장부터 몇몇 악보 예 캡션 마지막 부분에 QR코드로 듣는 음원 중 몇분 몇초 정도에 악보에 있는 소리가 나오는지 적어 놓았다. 책에서 다룬 음악작품 설명을 악보와 음악으로 확인했으면 하는 마음에서.

같은 분야의 학자로서 그리고 교육자로서 활동한 한 부부가 같이 책을 쓴다는 것은 생각보다 쉽지 않았다. 서로의 연구나 관심영역도 상이하지만, 하나의 제목을 정하고 글을 써서 맞추는 시간은 상당히 오래 걸렸다. 그래도 책을 마무리할 수 있었던 것은 우리 부부가 가졌던 무언의 책임감 외에 두 딸들이 옆에 있었기 때문이다. 미술을 전공하고 이제 각자 작가나 기획자로 활동하는 딸들의 성장과정에서 자연스럽게 부모인 우리도 음악을 전공하고 연구하지만 미술에 대해 꾸준히 관심을 가지게 되었다. 이런 환경으로 인해 미술을 부전공으로 공부하지 않은 음악학자이지만 요즘은 미술작품을 좋아하고 전시회를 음악회와 비슷한 비중으로 찾아가고 있다. 그렇게 쌓인 미술에 관한 얕은 지식이 토대가 되어 감히 음악과 미술을 대전제로 글까지 쓰게 되었는지도 모른다. 전시를 관람하거나 여행을 가서도 음악과 미술을 한꺼번에 생각할 수 있는 기회를 가지게 되었다. 그런 면이 이 책의 내용을 꾸리고 완성할 수 있었던 가장 큰 힘이었다. 그래서 이 책 출판에 용기를 준 딸들에게 우선 고마운 마음을 전하며, 함께 같은 길을 걸은 우리 부부의 작은 결실에도 감사의 마음을 가진다.

완성된 원고를 들고 어느 출판사에 출판 의뢰를 해야 하나 오랜 시간 고심했다. 그리고 음악 전문도서를 꾸준히 발행하는 모노폴리 출판사에서 기꺼이 출판을 결정해 주었다. 지면을 빌어 모노폴리 출판사 대표님을 비롯해 편집과 교정에 힘을 쏟아 준 담당자 분들께 깊은 감사를 드린다. 또한 악보 사보와 표지 디자인을 맡아 준 정지은 님과 임민재 님에게도 감사의 뜻을 전한다.

2025년 3월

신인선 · 차호성

차례

서문 / 4

CHAPTER 1. '예술'이란 무엇인가? / 11

    1) '예술 = 미술'? / 12

    2) '예술 = 미술'이라 이해하게 되는 그 시작 / 15

    3) 예술, 결코 먼 곳에 있지 않다! / 17

CHAPTER 2. 신화와 예술 / 23

    1) 예술과 연관된 신화들 / 24

    2) 그림으로 보는 오르페우스와 에우리디체 / 28

    3) 음악으로 듣는 오르페우스와 에우리디체 / 32

    4) 오르페우스 신화를 보는 다양한 예술적 시각 / 37

    5) 디도와 에네아스를 보는 다양한 예술적 시각 / 43

    6) 새로운 해석을 넘어 신화 창조로 / 48

CHAPTER 3. 기독교와 예술 / 53

    1) 파리 노트르담 성당에서 만난 건축예술 / 56

    2) 파리 노트르담 성당에서 '못' 만난 음악예술 / 60

    3) 이탈리아에서 만난 르네상스 예술 / 63

    4) 이성적 다비드에서 극적인 다비드로 / 69

    5) 음악과 미술로 보는 성경이야기 / 72

CHAPTER 4. 인간 중심의 예술 – 고전주의   / 87

　　1) 계몽주의   / 87

　　2) 고전주의 – 예술로 표현된 계몽사상   / 90

　　3) 쟈크-루이 다비드 작품으로 보는 신고전주의 미술   / 93

　　4) 음악에서의 '고전'   / 97

　　5) 소나타형식, 모차르트 피아노소나타로 조금 더 쉽게!   / 103

CHAPTER 5. '계몽'과 혁명의 과정을 함께한 예술의 두 여정   / 113

　　1) 다비드, 계몽의 신화화   / 114

　　2) 베토벤, 계몽의 탈신화화   / 117

　　3) 혁명 과정 속 고전과 낭만   / 125

　　4) 베토벤이 바라 본 혁명의 자기 파괴적 모습   / 131

CHAPTER 6. 사람이 사람을 보는 낭만주의 – 감정 표현의 최고 예술, 음악   / 139

　　1) 역사주의와 예술   / 141

　　2) 낭만주의 · 환상과 이상   / 145

　　3) 음악에 담긴 이중자아 – 현실과 이상의 충돌   / 152

　　4) 호프만과 슈만의 《크라이슬레리아나》   / 158

　　5) 낭만주의 음악, 천재를 낳다!   / 161

　　6) 청중을 열광시킨 천재들 – 파가니니와 리스트   / 164

CHAPTER 7. 과학과 예술의 관계   / 175

　　1) 미술과 과학적 사고   / 176

　　2) 예술과 산업혁명   / 180

　　3) 예술과 전기의 만남   / 189

CHAPTER 1.

'예술'이란 무엇인가?

우리는 종종 잘 만들어져 아름답거나 멋있게 보이는 어떤 것을 보며 그 대상에 '예술적'이라는 단어를 붙인다. 요즘은 많은 사람들이 예술이란 단어를 멋지게 플레이팅 된 음식을 마주할 때, 음식 맛이 너무 좋을 때도 자주 입에 올린다. 또는 일상을 벗어나 여행가서 평소 볼 수 없었던 풍경, 그림이나 조각품을 보면서 그 단어를 떠 올리게 된다. 예를 들어 로마 바티칸 성당에서 만난 《피에타》(Pietà, 1498-1499) 앞에 서서 그 섬세함과 아름다움에 놀라며 자연스럽게 예술이란 단어에 공감하게 된다. 또는 목이 아프게 천장을 올려다 보며 입을 다물지 못하게 했던 미켈란젤로(Michelangelo di Lodovico Buonarroti Simoni, 1475-1564)의 천장화 《천지창조》를 보면서도 마찬가지일 것이다. 간혹 고전음악에 흥미를 가진 사람이라면 모차르트(Wolfgang Amadeus Mozart, 1756-1791) 또는 베토벤(Ludwig van Beethoven, 1770-1827)의 음악을 들으며 예술이란 단어를 자연스럽게 떠올릴지도 모른다. '예술' 또는 '고전'과 같이 일상에서 쉽게 만나는 단어의 의미를 사람들은 알고 있다고 생각한다. 예술의 의미가 조금은 형이상학적이라 바로 이해하기에는 쉽지 않음에도 불구하고.

미술, 음악, 춤 등 어떤 장르든지 간에 예술은 '아름다움과 우아함'을 나타내는 것, '독창적이고 창의적이고 기발한 표현을 담은 것'이라고 이해한다. 일상의 삶 속에서 보이는 것과는 다른, 누구나가 아니라 '천재'라고 불리는 극히 일부 사람들의 창작물을 보통 예술로 이해한다. 그리고 특히 소리로 흘러가 남는 것이 없는 음악보다는 눈앞에 확인할 수 있는 작품을 보는 것에 익숙해져 있었다. 그래서 아주 오래전부터 청각예술인 음악보다는 '미술', 즉 시각예술을 '예술'과 동의어로 여겼다.[1]

'예술'을 미술과 동의어로 보는 관점은 결코 일반인들에게만 국한된 것은 아니다. 서양의 많은 예술 관련 문헌들은 오래 전부터 미술을 예술과 동의어로 다루고 있다. 그러면 언제부터 '예술 = 미술이다'라고 인식되었는지, 시대가 흐르면서 '예술'의 개념은 어떻게 변화하며 확장되었는지 살펴볼 필요가 있다.

1) '예술 = 미술'?

예술을 학문적으로 생각한 최초의 학자는 독일의 빙켈만(Johann Joachim Winckelmann, 1717-1768)으로 알려져 있다. 그는 기원전 600-800년의 고대 유물을 '안티케'(Antike)라는 단어를 처음 사용하며 연구하였다. 이후 그의 연구는 예술학이란 학문 정립에 기여했다. 또한 예술로 번역되는 외국어들은 'Kunst'(독일어)를 제외하고는 'ars'(라틴어), 'art'(프), 'arte'(이) 등과 같이 비슷하게 표기된다. 그런데 이 단어들은 종종 '미술'과 동의어로 더 자주 이해되고 있다. 그런 배경은 예술학이라는 학문을 설명하는 내용에서 쉽게 찾을 수 있다.

"예술학(Kunstwissenschaft/science of art)의 개념은, 넓은 의미로는 예술 일반의 이론적 연구, 그리고 미술사학, 문예학, 음악학, 연극학, 영상학 등의 모든 개별 예술의 연구를 포괄하지만 본래는 미술학, 즉 조형예술에 관한 이론적, 역사적 연구를 의미한다."[2]

위 인용문에서와 같이 예술학을 미술 연구에 국한하는 주장에 동의하는 사람들은 그렇게 많지 않을 것이다. 예술이 인간의 상상력을 어떤 기술을 통해 표현하는 활동이라고 전제하면, '예술 = 미술'이라는 학자들의 정의는 설득력이 없다. 인간의 오감을 다양하게 표현하는 예술 영역의 확대에 따라 점점 예술 = 미술이라는 주장은 이제 설자리를 잃었다.

미술 = 예술이라 여기는 오해는 17세기 미술아카데미 설립과 함께 시작되었다고 할 수 있다. 고대 그리스부터 회화, 조각, 건축 등과 같이 미술에 포함된 영역들은 음악과 함께 '기술'(그리스어 technē)[3]로 이해되었다. 아리스토텔레스(Aristoteles, 기원전 384-322)는 그 기술을 '생활의 필요를 위한 기술'과 '표현 및 쾌락을 위한 기술'로 나누었다. 전자는 '기계적 기술'(artes mechanicae)을 의미하며 회화, 조각, 건축 등 미술의 다양한 영역을 포함했다. 소리의 예술로 불리는 음악은 미술과 달리 철학적 의미로 이해되었고, 기술의 후자 개념인 '표현 및 쾌락을 위한 기술'에 포함되었다.

음악에 대한 이런 사고는 이후 중세시대에 시행되었던 교육제도에 녹아들었다. 중세의 교육은 인문과 자연과학 분야로 나뉘어 실시되었다. 당시의 기본교육은 7개의 자유학예(artes liberales/영: liberal arts)[4]로 구분되었는데, 음악은 콰드리비움(4학과=자연과학)에 포함되면서 미술과는 다른 관점에서 자연과학적인 분과로 교육된 것이다. 이런 역사적 내용은 '생활의 필요를 위한 기술'로 여겨지던 미술보다는 음악이 이미 '사람들을 결합시키고 사람들에게 감정이나 사상을 전달하는 수단'으로 생각되고 있었음을 보여준다. 그러니까 오래전부터 우리가 현대에 말하는 예술의 본질에 음악이 미술보다는 사실은 조금 더 가깝게 자리했다.

그렇다면 중세시대 자유학예에 미술이 포함되지 않았던 이유는 무엇이었을까? 그리스, 로마인들이 남긴 교양자유학문 주제의 글들에서 어느 정도 그 이유를 찾을 수 있다. 아리스토텔레스의 『시학』(Poetica), 호라티우스(Quintus Horatius Flaccus, 기원전 65-8)의 『시학』(Ars Poetica), 키케로(Marcus Tullius Cicero, 기원전 1046-43)와 퀸틸리아누스(Marcus Fabius Quintilianus, 35?-100?)의 수사학과 같이 자유학예에 관한 문헌은 있지만, 고대 미술에 대한 글은 없다. 자유학예에 미술이 포함되지 않았던 이유를 그리스 신화 속에서 종종 찾기도 한다. 신화에서 음악이나 미술에 관한 직접적인 연관성을 찾으려면 예를 들어 '뮤즈'(muse)를 보면 된다. 신들의 왕 제우스(Zeus/영: Jupiter)와 기억의 여신인 므네모시네(Mnemosyne) 사이에서 태어난 9명의 딸들은 각자 관장하는 분야가 달랐다. 이 9명 여신들 즉 뮤즈가 담당했던 분야[5]는 인문과 음악, 무용에 걸쳐 다양했지만, 의외로 회화, 조각, 건축 등 미술 영역을 담당한 모습은 나타나지 않는다.

신화 속에서도 그리고 고대 철학자들의 글에서도 미술과 예술을 동의어로 보지 않았다. 그런데 왜 신화를 중요시하던 유럽에서 그렇게 오랜 동안 예술이란 개념을 음악이나 문학이 아닌 미술과 연계했을까? 라는 의문을 갖는 것은 자연스러울 수밖에 없다. 앞에서도 잠깐 말했듯이 '예술 = 미술'이라는 생각은 1648년 파리 〈왕립미술 아카데미〉 창립을 시작으로 한 미술아카데미 설립과 함께 더욱 공고해졌다.

2) '예술 = 미술'이라 이해하게 되는 그 시작

16세기 후반 미술아카데미 설립은 미술이 '기술'을 넘어 '예술'(일반교양과목)과 같은 위치로 발돋움할 수 있는 기회를 주었다. 미술에 종사하는 사람들은 중세적인 길드(guild)조직을 탈피하고 '자유로운' 창조 활동을 함과 동시에 학자에 준하는 사회적 지위, 즉 아티스트 지위를 가졌다. 뿐만 아니라 아티스트들은 미술을 학문적으로 접근했고, 예술학이라는 학문의 등장을 이끌었다. 중세의 7개 자유학예에 속하지 않았던 미술, 즉 조형예술이 '육체적 활동'을 벗어나 '지적인 활동'으로 변화하면서 우리가 생각하는 '예술'의 모습을 본격적으로 보이기 시작한 것이다.

미술의 예술로의 확장은 고대 시인과 철학자들의 많은 미술 영역 중 '회화'에 대해 언급한 글에서 그 시작점을 찾을 수 있다. 고대 시인 시모니데스(Simonides, 기원전 556-468)는 '회화는 침묵하는 시(詩), 시는 이야기하는 회화'라고 했다. 또한 호라티우스 역시 '시가 때때로 자세하게 세부를 그리고 전체적인 모습을 묘사함으로써 회화와 같아진다.'라고 언급했다. 고대의 이런 사고는 르네상스시대에 와서 좀 더 구체화되었다.

레오나르도 다 빈치(Leonardo da Vinci, 1452-1519)는 어떤 것을 직접 모방하고, 그것을 인위적인 기호로 옮길 필요가 없는 회화가 시와 수사학보다 우월하다고 주장하였다. 이 말은 그리스시대 '기술'로 여겨지던 미술의 개념을 '새로 고침'하면서 미술을 예술의 동의어로 이해시키는데 큰 역할을 하였다. 미술아카데미가 번성하면서 화풍이 등장하고, 그에 속한 화가들이 학자와 같은 대우를 받게 되면서 이제 그들과 그들의 작업은 이전과는 다른 평가를 받기 시작했다. 이런 흐름은 1562년 이탈리아 피렌체를 시작으로 유럽 여러 도시에서 설립된 미술아카데미[6]를 통해 예술로서의 미술에 대한 의미가 넓어졌다. 17세기 들어와 미술아카데미를 기반으로 미술에 종사하는 사람들은 고대 시인과 철학자들의 사고에 부합하듯 회화가 시와 동등한 가치를 지닌 것으로 여겼다.

18세기 들어 미술은 '기계적 기술'과 구별된 '예술'로 여기게 되었다. 바움가르텐(Alexander Gottlieb Baumgarten, 1714-1762), 칸트(Immanuel Kant, 1724-1804), 헤겔(Georg Wilhelm Friedrich Hegel, 1770-1831) 등과 같은 철학자들은 '아름다움'이란 개념을 탑재한 '미(예)술'(美術, Schöne Künste, fine arts, Beaux-arts)이라는 용어를 사용하기 시작했다. 예술의 자리를 미술에 넘겨주었던 음악은 18세기 후반에 다시금 아름다움을 전제로 한 예술의 한 영역으로 여겨지게 되었다. 다음에 인용하는 올리히(Wolfgang Ulrich, 1967-)의 글은 예술이 미술과 동의어로 이해되었던 시대에 음악이 예술 중 상위개념으로 인식되는 과정을 설명하고 있다.

"예술이 무엇인가라는 질문은 주로 조형예술의 예를 통해 설명되었다. 조형예술 속에서, 그리고 조형예술의 변화에서 한 시대가 예술이라는 말을 어떻게 이해하고 있는지가 명백하게 드러났다. […] 18세기 후반부터 음악이 새로운 주도 예술이 되었으며, 조형예술은 가능하면 음악과 가까워지려 했다. […] 예술은 무한을 감싸고 있는 수수께끼 같은 분위기를 풍기고, 사람들을 경건함으로 이끌어야만 했다. 그러기 위해 1800년경에는 이미 수십 년 전에 자리를 잡은 음악 형식인 순수 기악이나 '절대음악'이 모범이 되었다. 그런 음악은 오페라나 성악과 달리 내용으로부터 독립되어 있고, 그럼으로써 대상 세계와의 연관이 필요 없는 자율성과 독자적 법칙의 정수가 되었다. 이로써 사람들이 조형예술에서 꿈꾸던 것이 음악에서 실현된 것처럼 보였다."[7]

18세기 후반 이후 독일 낭만주의를 열었던 박켄로더(Wilhelm Heinrich Wackenroder, 1773-1798) 그리고 티크(Ludwig Tieck, 1773-1853)와 같은 학자들은 예술 가운데 음악이 가장 우월하다고 주장하였다. 박켄로더는 예술을 '이성을 능가하는 심오한 세계, 즉 '신적인' 것까지 포함하는 인간의 감정(Gefühl)에 어떤 형태를 부여하기 위한 것'으로 정의하였다. 감정의 의미를 앞세운 이런 사고 하에서 그는 음악은 '기적', '마술', '동경', '도취'와 같은 단어와 연결되므로, 음악이 가장 뛰어난 예술이라고 주장하였다.[8] 나아가 호프만(Ernst Theodor Amadeus Hoffmann, 1776-1822), 쇼펜하우어(Arthur Schopenhauer, 1788-1860)와 같은 이들은 가사가 있는 성악음악보다는 기악음악이 음악예술 중 상위개념이라고 말하였다.

이처럼 음악이 예술 가운데 상위개념이라고 주장한 철학자들이 있었음에도 불구하고, 아직도 '예술 = 미술'로 이해한다. 반면에 예술을 음악, 미술, 문학, 연극, 영화 등의 영역을 아우르는 용어로 이해하는 사람들도 많다. 융·복합을 논하는 현시점에서는 인간의 감정을 표현하는 다양한 예술영역을 구분하지도 않고, 그냥 예술로 묶어 이해하는 추세이다. 그러나 예술에 포함된 각 분야들이 어떻게 독자성을 가지고 발전했으며, 어떻게 상호소통을 해왔는가를 살펴본다면 예술에 좀 더 친근하게 다가갈 수 있을 것이다.

3) 예술, 결코 먼 곳에 있지 않다!

예술 = 미술로 보는 것이 맞는가?, 언제부터 그렇게 보았는가? 또 음악이 다른 예술장르에 비해 상위개념이라는 등의 설명은 결국 '예술은 어려운 것, 나하고는 거리가 먼 것'이라고 생각하게 한다. 하지만 예술은 생각보다 아주 가까이에 있다. 일부러 박물관, 미술관, 음악회장을 찾지 않아도 될만큼 예술은 우리의 삶과 함께 하고, 그 속에서 창조되고 있는 것이다.

현대인들에게 핸드폰은 필수품을 넘어 이제 신체의 일부가 된 듯하다. 그 핸드폰 화면 속에는 예술을 말할 때 사용하는 단어들, 즉 아름다움과 멋짐을 모두 담고 있다. '아름다운' 비율, 색채, 디자인 등을 눈을 통해 즐기고, 음악을 감상하고 다양한 종류의 '소리'를 경험한다. 감상을 넘어 현대인들은 핸드폰으로 사진을 찍고 편집하면서 예술의 행위인 '창작'도 한다. 이를 우리는 실용 또는 응용 미술이니 음악이니 하면서 '순수' 예술과 구별하기도 한다. 이렇거나 저렇거나 예술은 이와 같이 우리와 함께 하고 있다. 유명 셰프의 식당을 방문했을 때, 그 접시 위에서도 혀로 느끼는 맛보다 먼저 눈으로 보며 '예쁘다!'라고 아름다움을 찾는 것과 같이….

여행이 자유롭지 못했던 코로나 팬데믹을 벗어나면서 사람들이 보상 심리로 여행을 간다고 한다. 이런 소비심리로 인해 우리는 TV 광고에서 많은 여행 상품을 접한다. 그 여행 상품들은 여행지의 명소들을 관광지로 선택하고 있다. 서유럽 여행 9박 10일을 예를 들어 본다면, 그림 1과 같은 일정과 유사한 관광 상품들을 쉽게 찾을 수 있다. 예로 들은 여행 일정이 아주 많이 숨 가쁘게 눈도장만 찍고 오는 것 같지만, 각 도시에서 여행자들이 방문하게 될 곳은 바로 '예술'이라는 개념과 연결되는 건물이나 장소를 포함하고 있다. 여행자들이 그림 1에 정리한 각 여행지에서 보게 될 것들은 그 자체가 예술작품인 것도 있고 셀 수 없는 예술작품들을 전시하고 있는 장소들이다.

이 여행 일정에서 눈에 띄는 것은 자연보다는 인간이 만들어 놓은 시설물이 압도적으로 많다는 것이다. 마치 건축 전공자처럼 건축물들을 보는 것은 유럽 여행의 핵심이다. 중요한 관광명소에서도 종교, 즉 기독교와 관계된 성당이나 사원 그리고 옛날에 황제나 왕이 살던 궁정이나 그 부속물이 대부분이다. 여행자들은 성당이나 궁정과 같은 건축물의 아름다움과 그 옛날에 어떻게 이런 것을 건축했을까? 하는 경이로움에 빠진다. 또한 이런 장소

영국	런던	버킹엄 궁전, 빅벤, 웨스트민스터 사원
프랑스	파리	베르사유 궁전, 에펠탑, 개선문, 샹젤리제 거리, 노트르담 성당, 콩코드 광장, 루브르 박물관
스위스	인터라켄	융프라우
이탈리아	밀라노	두오모 성당, 스칼라 극장
	베로나	줄리엣의 집, 베로나 아레나
	베니스	탄식의 다리, 산 마르코 광장과 성당, 두칼레 궁전
	피렌체	꽃의 성모 마리아 성당, 시뇨리아 광장, 미켈란젤로 광장
	로마	바티칸 박물관, 시스티나 예배당, 성 베드로 대성당과 광장, 콜로세움, 포로 로마노, 트레비 분수

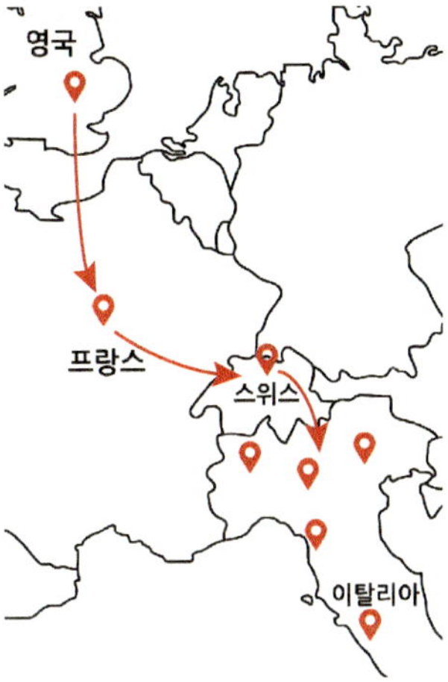

[그림 1] 서유럽 여행 코스

들에서 여행자들은 그림, 조각, 장식, 정원 등도 관람한다. 이 여행 일정에서 방문한 이와 같은 장소, 그 속에서 본 시각예술품들은 다양한 시대의 것들로 가득 차 있다. 그 창작 시기로 볼 때, 대부분 고대의 '기계적 기술'에 해당되는 유물과 르네상스 시대 길드조직을 탈피하고 '자유로운' 창조 활동을 하여 아티스트 지위를 획득한 작가들의 작품들이 많다.

여행자들이 만나는 작품이나 유물들은 그것이 만들어질 당시 생활과 직접적으로 연결된 것들이 대부분이다. 그렇지만 현재 우리는 그러한 것들을 '예술'로 받아들인다. 이 여행 일정에 청각예술, 즉 음악에 관한 프로그램이 포함되지 않았을지언정, 이미 시각적인 면에서 이런 여행은 예술 경험 여행인 것이다. 다시 말해 예술은 결코 먼 곳에 있는 것이 아니다!

유럽 여행에서 접하는 수많은 예술품들은 누가 만들었을까? 라는 궁금증으로 찾아본 예술가들은 거의 대부분 '천재'(天才, Genius)[9]라는 단어와 연결되어있다. 그들은 일반인들과는 비교할 수 없을 정도의 뛰어난 정신 능력을 통해 보통 한 분야에서, 일부는 여러 분야에서, 극소수는 모든 분야에서 두각을 나타냈다. 그러면서 그들은 그 분야의 대가가 되거나, 미지의 영역과 분야를 개척하며 위대한 업적을 남기기도 한다.

현재 전 인류가 존중하고 보존하는데 온 힘을 쏟고 있는 예술품들은 과연 전부 그 '천재'들에 의해서만 창조된 것일까? 역사를 글로 남기기 시작할 때부터 누가 무엇을 했고, 무엇을 만들었는가에 대한 정보를 같이 남겼다. 그래서 우리가 한 번쯤은 들어봄직한 서양의 오래된 이름들을 낯설어하지 않고, 그들이 남긴 창조물을 예술품으로 대할 수 있다. 하지만 이름도 성도 모르고 언제 적 사람인지도 모른 이들이 남긴 창조물을 접하면서 '예술적'이란 생각을 갖는 경우는 허다하다. 그런 무명의 작가들이 당시에 천재로 평가받았었는지는 모르겠지만, 그들이 남긴 작품은 천재적인 예술성을 담고 있어서 자손 대대로 소중히 보존해야 한다며 지켜내고 있다. 그러니까 단순하게 생각하면, 예술은 천재만 하는 것이 아니라, 누군가가 만든 창조물이 다른 이들로부터 예술적이란 평가를 받을 수도 있는 것이다. 천재의 작품을 예술품으로 보려는 고정관념을 벗어난다면, 우리는 더 많은 예술을 삶 속에서 접하고 '예술'이라는 범위를 더욱 더 넓게 확장시킬 수 있을 것이다.

미주

1. 언제부터 우리나라에서 시각예술을 '미술'이라는 용어를 사용했는가?를 확인할 수 있는 내용에서도 'art'를 '미술'이라는 시각예술과 쉽게 연결하고 있음을 알 수 있다.

   "'미술'이라는 용어는 1880년대의 일본사찰단의 보고에 이어 『한성순보』 17호(1884년 4월 6일자)에 등장하나 이때는 아직 일반에 미술이라는 개념과 범주가 알려지지는 않았다. 여기서의 '미술'은 1920년대에 인식되는 '순정미술 fine art'보다는 '사물을 아름답게 정교한 기술'로 이해되는 내용이었다."

   이영욱 외 8인, 『비평으로 보는 현대 한국미술』, 메디치, 2023, 39.

2. 칸바야시 츠네마치 외 다수/김승희 옮김, 『예술학 핸드북』, 지성의 샘, 1993, 5.

3. 예술이라고 번역되는 단어들, 라틴어 'ars'가 '조립하다', '고안하다'라는 의미를 그리고 독일어 'Kunst'가 '알고 있다', '할 수 있다'라는 'können'이란 동사에서 어원을 갖는 것은 고대그리스의 '기술'이란 개념에서 파생된 것이다.

4. 중세시대의 교육제도는 일반 교양과목을 7개의 자유학예 영역으로 구분하고, 다시 그 세부적인 영역에 따라 트리비움(trivium/인문학 분야로 구성된 3개 학과로 문법, 수사학, 논리학)과 콰드리비움(quadrivium/자연과학 분야로 구성된 4개 학과로 정수론, 기하학, 천문학, 음악)으로 나뉘었다.

5. 9명 뮤즈들이 관장하는 분야는 다음과 같다. 클리오(Klio)는 역사, 우라니아(Urania)는 천문학, 멜포메네(Melpomene)는 비극, 탈리아(Thalia)는 희극, 테르프시코레(Terpsichore)는 합창단의 춤과 노래, 폴리힘니아(Polyhymnia)는 찬미가, 무용과 무언극, 에라토(Erato)는 연예시, 에우테르페(Euterpe)는 서정시 그리고 칼리오페(Kalliope)는 서사시를 관장했다.

6. 미술아카데미는 조르조 바자리(Giorgio Vasari, 1511-1574)가 1562년 설립한 피렌체 아카데미를 필두로, 1593년 로마, 1648년 파리 등지에서 차례로 설립되었다.

7. 볼프강 울리히/조이한, 김정근, 『예술이란 무엇인가』, Humanist, 2013, 133-34.

8. 오희숙, 『음악 속의 철학』, 심설당, 2009, 59.

9. 아티스트로 올라선 작가들의 멋진 작품을 본 일반인들은 스스로도 그런 작품을 만들고 싶고 갖고 싶어졌을 것이다. 하지만 '하늘이 준 재능'을 가진 이들의 솜씨를 아무나 흉내 낼 수는 없었고, 그러다보니 작가들의 작품에 대한 일반인들의 찬사는 더욱 커져만 갔다. 유럽에서 천재적인 사람들이 일반인들의 전폭적인 지지로 대거 등장한 시기가 미술에서 17세기라면 음악에서는 19세기 초반부터이다. 우리는 음악이나 미술 등

에서 유난히 1800년대 즈음에 등장하는 수많은 천재들의 이름을 만날 수 있는 이유이기도 하다.

CHAPTER 2.

신화와 예술

어느 민족, 어느 나라든 그들만의 옛이야기를 가지고 있다. 자기들의 정체성과 존재감, 우월성을 드러내기 위해 인간으로서는 불가능한 일들을 선조들이 해냈다고 믿고 싶어 했다. 그래서 자연스럽게 신화를 만들고, 신화 속의 인물들을 자신들의 역사 속에 마치 실제인양 담으려고도 했다. 그러다보니 각 민족이나 나라에서 형성된 다양한 예술 속에는 신화를 소재로 한 것들이 많다. 그래서 신화라는 허구가 언어의 힘으로 시작되었다면, 인간들은 거기에 예술적 '상상'을 더해 오감으로 느낄 수 있는 유형으로 구체화했다.

하라리(Yuval Noah Harari, 1976-)는 신화를 포함해 종교까지도 인지혁명의 소산이며, 인간이 협력하며 살아가는 능력을 가질 수 있게 했다고 말한다.

"전설, 신화, 신, 종교는 인지혁명과 함께 처음 등장했다. 이전의 많은 동물과 인간 종이 '조심해! 사자야!'라고 말할 수 있었다면, 인지혁명 덕분에 호모사피엔스는 이렇게 말할 수 있게 되었다. '사자는 우리 종족의 수호령이다.' 허구를 말할 수 있는 능력이야말로 사피엔스가 사용하는 언어의 가장 독특한 측면이다. [...] 하지만 허구 덕분에 우리는 단순한 상상을 넘어서 집단적으로 상상할 수 있게 되었다. [...] 그런 신화들 덕분에 사피엔스는 많은 숫자가 모여 유연하게 협력하는 유례없는 능력을 가질 수 있었다."[1]

이런 허구들은 종종 예술이라는 형태로 재창조되어, 그것을 보며 사람들은 마치 실제 존재했거나 일어났던 사건처럼 착각한다. 그러한 예는 그리스 로마 신화에서 쉽게 찾을 수 있다. 그리스 로마 신화를 주제로 한 예술작품들은 문학을 시작으로 미술과 음악에도 많은 예들이 있다. 고대 그리스와 로마시대에 만들어진 신화이지만 그 지역을 넘어 전 유럽의 역사에 그 흔적을 남겼다. 그리스 로마적인 신화에 유럽 각 나라에서의 독특한 해석과 의미가 부여되며 신화 이야기는 다양한 내용과 의미로 풍부해졌다.

1) 예술과 연관된 신화들

음악이나 미술뿐만 아니라 건축이나 무용 등 예술의 전 영역, 나아가 인간의 삶 속에는 알게 모르게 신화가 큰 비중을 차지하고 있다. 표 1과 2는 음악과 미술에 신화가 수용된 작품들의 일부를 정리한 것이다. 두 개의 표에 제시된 작품들의 창작년도를 보면, 신화를 예술적인 소재로 한 창작의 시작이 15세기 중반 이후였음을 알 수 있다. 15세기 중반 이전에는 왜 그리스 로마 신화를 소재로 한 예술 창작이 이루어지지 않았을까? 그 답은 기독교에서 찾을 수 있다. 기원후부터 15세기 초까지는 기독교가 지배했던 시기로서 신본주의(神本主義)에 입각해 모든 역사가 형성되었다. 따라서 예술

창작 연도	작품명	작곡가
1598	다프네	야코포 페리 J. Peri, 1561-1633
1600	에우리디체	
1600	에우리디체	쥴리오 카치니 G. Caccini, 1551-1618
1607	오르페오	클라우디오 몬테베르디 C. Monteverdi, 1567-1643
1646	오르페오	루이지 로시 L. Rossi, 1598-1653
1671	포모네	로베르 캉베르 R. Cambert, 1627-1677
1683	비너스와 아도니스	존 블로 J. Blow, 1649-1708
1688	디도와 에네아스	헨리 퍼셀 H. Purcell, 1659-1695
1727	광란의 오를란도	안토니오 비발디 A. Vivaldi, 1678-1741
1733	이폴리트와 아리시	쟝-필립 라모 J.-P. Rameau, 1683-1764
1718	아키스와 갈라테이아	게오르그 헨델 G. F. Händel, 1685-1759
1734	아리오단테	
1744	헤라클레스	
1762	오르페오와 에우리디체	크리스토프 빌리발트 글룩 C. W. R. v. Gluck, 1714-1787
1767	알체스테	
1767	아폴로와 히아신투스	볼프강 아마데우스 모차르트 W. A. Mozart, 1756-1791
1780-81	이도메네오	
1797	메데에	루이지 케루비니 L. Cherubini, 1760-1842
1800-01	프로메테우스의 창조물	루드비히 반 베토벤 L. v. Beethoven, 1770-1827
1858	지옥의 오르페오 (천국과 지옥)	쟈크 오펜바흐 J. Offenbach, 1819-1880
1848-1874	니벨룽엔의 반지	리하르트 바그너 R. Wagner, 1813-1883
1856-58	트로이인	엑토르 베를리오즈 H. Berlioz, 1803-1869
1914-17	그림자없는 여인	리하르트 슈트라우스 R. Strauss, 1864-1949
1924-27	이집트 헬레나	
1938-40	다나에의 사랑	
1977-2003	빛	칼하인츠 슈톡하우젠 K. Stockhausen, 1928-2007

[표 1] 신화를 주제로 한 음악

적인 면보다는 종교적인 차원에서 음악이나 미술이 주로 사용되었다. 기독교의 유일신 사상에 따라 그리스의 신화 속 존재들을 우상처럼 여기던 경향이 허용될 수 없었기에 신화를 소재로 한 예술작품은 거의 찾아 볼 수 없었다.

신본주의에서 인본주의(人本主義) 사상의 등장과 함께 문예부흥이 일어나며 르네상스시대가 시작되었다. 종교적인 눈치를 조금씩 덜 보아도 될 것 같은 분위기 속에 예술가들은 그리스 로마 신화에 관심을 모으며 각자의 예술적인 방식으로 그것들을 표현하기 시작했다. 르네상스시대에 미술이 신화를 표현의 소재로 삼기 시작한 것은 무엇보다도 기독교의 사회적 영향의 약화와 인본주의의 확산이 있었기 때문이다.

르네상스시대부터 신화가 예술의 소재로 사랑받게 된 이유는 고대 철학자와 시인들의 사고에서 찾을 수 있다. 프로타고라스(Protagoras, 기원전 485?-410?)는 고대 그리스 인들에게 '인간은 만물의 척도'라고 하였고, 호메로스(호머 Homer, ?-?)와 헤시오도스(Hesiodos, ?-기원전 8세기 말경 활동)는 신화 속에서 신들을 인간과 닮은 모습으로 그렸다. 르네상스시대 인본주의적 사고는 그리스 문화에서 아이디어를 가져 왔고, 이때부터 인간들은 자기 뿌리를 성스럽게 하고자 하는 상상적 충동을 신화에서 찾았다. 다시 말해 신화는 그 속에 담긴 풍부한 모티브, 극적 긴장감, 시적 상상력으로 인해 르네상스 이후 문화운동의 소재가 되었다.

신화를 소재로 한 작품을 만들 때 작가들은 자신이 생각하는 핵심 포인트를 전면에 드러낸다. 그 구체적인 내용은 작품 제목으로도 파악할 수 있다. 그리스 로마 신화 중 음악과 미술의 소재로 많이 활용된 오르페우스(Orpheus)와 에우리디체(Eurydice) 그리고 디도(Dido)와 에네아스(Aeneas)를 통해 예술가들의 표현 의도를 확인해보자.

창작 연도	작품명	작가
대략 1450	카르타고의 에네아스	아폴로니오 디 지오반니 A. di Giovanni, ?-1465
1482년경	팔라스(아테나)와 켄타우로스	산드로 보티첼리 S. Botticelli, 1445년경-1510
1485	비너스의 탄생	
1495	님프의 죽음을 슬퍼하는 사티에르	피에로 디 코시모 P. di Cosimo, 1462-1512년경
1501-04	다비드	미켈란젤로 부오나로티 Michelangelo di L. B. S., 1475-1564
1538	우르비노의 비너스	티치아노 베첼리오 Tiziano V., ?-1576
1555-60	비너스와 아도니스	
1636	파리스의 심판	페터 파울 루벤스 P. P. Rubens, 1577-1640
1636-38	오르페우스와 에우리디체	
1623	다비드	조반니 로렌초 베르니니 G. L. Bernini, 1598-1680
1635	가니메데스의 납치	렘브란트 하르먼손 반 레인 Rembrandt H. van R., 1606-1669
1639	에네아스에게 군대를 주는 비너스	니콜라스 푸생 N. Poussin, 1594-1665
1651	거울 앞의 비너스	디에고 벨라스케스 D. R. de S. y Velázquez, 1599-1660
1734	리날도와 아르미다	프랑수아 부셰 F. Boucher, 1703-1770
1732-34	헤라클레스와 옴팔레	
1740	동물을 유혹하는 오르페우스	
1751	비너스의 단장	
1798	큐피트와 프시케	프랑수아 제라르 F. B. P. S. Gérard, 1770-1837
1814	디도와 에네아스	윌리엄 터너 J. M. W. Turner, 1775-1851
1824	다프니스와 클로에	프랑수아 제라르
1856	샘	장 오귀스트 도미니크 앵그르 J.-A.-D. Ingres, 1780-1867
1861	지하세계에서 에우리디체를 데려오는 오르페우스	카미유 코로 J.-B.-C. Corot, 1786-1875
1862	오르페우스와 에우리디체	외젠 들라크루아 E. Delacroix, 1798-1863

[표 2] 신화를 주제로 한 미술

2) 그림으로 보는 오르페우스와 에우리디체

그리스 신화를 소재로 한 작품들 가운데 특히 눈에 띄는 것은 한 쌍의 젊은 부부를 주제로 한 것이다. 오르페우스는 태양의 신 아폴론(Apollon)과 9명 뮤즈 중 한명으로 서사시를 관장한 칼리오페(Kalliope) 사이에서 태어났다. 오르페우스 신화를 '사랑이야기'로 변화시킨 인물은 베르길리우스(Publius Vergilius Maro, 기원전 70-19)이다. 그는 『농경시』(Georgica, 기원전 39-29) 제4편에서 에우리디체라는 님프 족 여인을 오르페우스의 짝으로 등장시켰다. 표 2에서도 이미 확인한 바와 같이 오르페우스와 에우리디체를 주인공으로 한 작품을 남긴 작가들로는 루벤스, 부셰, 코로 그리고 들라크루아 등이 있다. 이 많은 작품의 수는 오르페우스와 에우리디체 신화가 서양인들에게 매우 재미있는 이야기임을 보여준다.

표 3에 정리한 오르페우스 신화를 소재로 한 미술 작품들 제목을 보면 베르길리우스의 이야기를 선택한 것이 다수임을 알 수 있다. 또한 그들의 사랑이야기를 소재로 함에 있어 작가들만의 관점 차이가 있음을 제목만으로도 추측할 수 있다. 루벤스, 라우 등의 작품 제목은 오르페우스와 에우리디체를 한 쌍임을 보여줄 뿐이다(표 3에 분홍색으로 표시). 반면에 코로, 들라크루와 등의 작품 제목은 '지하세계' 또는 '구하는' 등과 같은 표현으로 인해 에우리디체를 향한 오르페우스의 죽음을 불사하는 사랑을 담고 있음을 드러낸다(표 3에 주황색으로 표시).《짐승들을 감동시키는 오르페우스》라는 부셰의 작품 제목은 베르길리우스의 '사랑이야기'와의 연결보다는 신화를 오롯이 오르페우스의 신적 능력 표현에 두고 있다(표 3에 연두색으로 표시).

부셰는 오르페우스가 리라를 연주하면 숲의 짐승들뿐만이 아니라 나무나 바위까지도 그의 주위에 모여 귀를 기울였다는 신화 줄거리를 그렸다(그림 1). 반면에 코로는 오르페우스가 에우리디체를 지하세계에서 구해오는

창작 연도	작품명	작가
1475-80 년경	오르페우스와 에우리디체	야코포 델 셀라이오 J. del Sellaio, 1441/2-1493
1480-90년경	짐승들 사이에서 연주하는 오르페우스	
1580-1603	노래로 짐승과 나무를 매혹하는 오르페우스	야콥 사베리 J. Savery, 1566-1603
1594	지하세계의 오르페우스	얀 브뤼헬 J. Brueghel the Elder, 1568-1625
1640	짐승들을 위해 연주하는 오르페우스	알베르트 코이프 A. Cuyp, 1620-1691
1600-1642	지하세계의 오르페우스	프란스 프랑켄 F. Francken the Younger, 1581-1642
1636-1638	오르페우스와 에우리디체	페터 파울 루벤스
1709 년경	오르페우스와 에우리디체	장 라우 J. Raoux, 1677-1734
1710 년경	오르페우스와 바쿠스신의 여제들	그레고리오 라차리니 G. Lazzarini, 1657-1730
1740	짐승들을 감동시키는 오르페우스	프랑수아 부셰
1826	오르페우스와 에우리디체	루이 뒤시 L. Ducis, 1775-1847
1861	지하세계에서 에우리디체를 데려오는 오르페우스	카미유 코로
1862	에우리디체를 구하는 오르페우스	외젠 들라크루아
1865	오르페우스	구스타프 모로 G. Moreau, 1826-1898
	어린 오르페우스에게 음악을 가르치는 칼리오페	알렉상드르 - 오귀스트 히르슈 A. A. Hirsch, 1833-1912
1866	오르페우스의 죽음	에밀 레비 Émile Lévy, 1826-1890
1874	오르페우스의 죽음	에밀 장 - 밥티스트 필립 빈 Émile J.-B. P. Bin, 1825-1897
1881	물 위에 떠 있는 오르페우스의 머리	오딜롱 르동 O. Redon, 1840-1916
1905-1910	오르페우스의 죽음	
1903-1910	오르페우스	
1914-1915	오르페우스	마르크 샤갈 M. Chagall, 1887-1985
1925-1939	오르페우스의 죽음	루이 부케 L. Bouquet, 1885-1952
1964	파리 오페라 가르니에 천장화 속 오르페우스	마르크 샤갈
1977	오르페우스 신화	

[표 3] 오르페우스와 에우리디체를 소재로 한 미술 작품들

장면을 그렸다(그림 3). 이 장면은 오르페우스와 에우리디체가 한 쌍임을 제목으로 한 루벤스 작품에도 담겨있다(그림 2). 루벤스의 작품에는 오르페우스를 상징하는 리라가 잘 보이지 않는다. 반면 코로의 그림에서는 오르페우스가 왼손에 리라를 높이 올려 든 모습을 볼 수 있다. 루벤스보다 코로가 그림에 리라를 오브제로 부각시킨 것을 통해 부셰 작품에서 담긴 오르페우스의 신화 속 능력뿐 아니라 에우리디체를 어떻게 지하세계에서 구해왔을까? 라는 상상에 대한 답을 주고 있다. 이처럼 같은 신화를 소재로 하였지만, 예술가에 따라 신화에 대한 해석과 수용은 다양하다. 예술가들이 살았던 시대의 문화적 경향보다는 그들이 독자적으로 신화를 이해하고 그려내려는 차별성을 오르페우스 신화로 좀 더 확인하는 것도 재미있을 것이다.

　　15세기 중반부터 20세기 전반까지 오르페우스 신화를 소재로 한 회화 작품들을 보면, 다양한 줄거리[2]를 알 수 있다. 신화 속 오르페우스는 여러 시기로 나뉘어 예술가들의 상상 속에 재탄생한다. 히르쉬의 작품제목에서 드러나듯이 어린 시절부터 어머니 칼리오페에게 배운 음악, 특히 리라 연주로 산천초목을 감동시키는 청년 오르페우스의 모습이 있다. 아름다운 에우리디

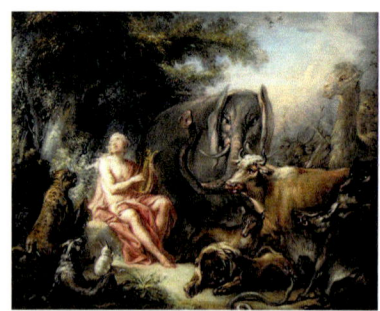

[그림 1] 부셰,
《짐승들을 감동시키는 오르페우스》

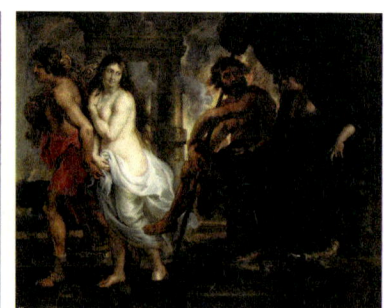

[그림 2] 루벤스, 《오르페우스와 에우리디체》

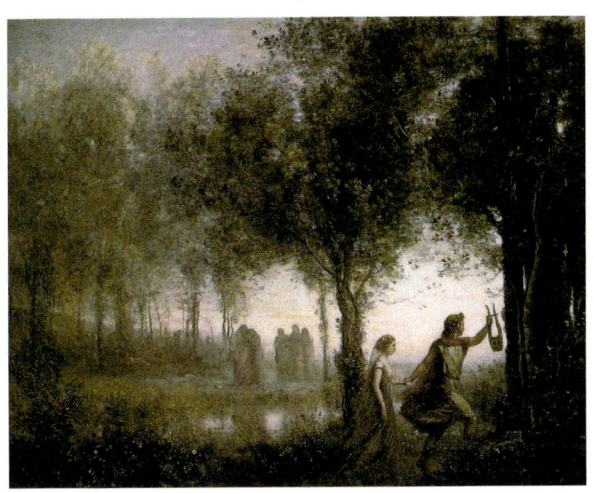

[그림 3] 코로,《지하세계에서 에우리디체를 데려오는 오르페우스》

체를 만나 함께 하는 행복한 시기[3]가 이어진다. 그리고 갑작스럽게 죽은 에우리디체를 구하려는 절절한 오르페우스의 모습이 있다. 또한 에우리디체를 구하지 못하고 지상에서 죽음을 맞이하는 오르페우스의 이야기도 있다.

예술가들이 남긴 작품 제목만으로도 오르페우스 생애를 어떻게 묘사하고 해석했는지를 쉽게 볼 수 있다. 그런 작품들의 제목만으로 신화 해석에 있어 시대적 차이가 드러난다고 단언할 수는 없다. 그러나 신화를 수용하는 각 시대 작가들의 관점 차이는 분명하게 확인된다. 셀라이오, 사베리, 코이프, 부셰의 작품에서는 오르페우스가 음악의 대가로 묘사되고 있으며, 아직 에우리디체는 등장하지 않는다(표 3과 그림 1, 참조). 이들의 작품으로 베르길리우스가 『농경시』 제4편에서 에우리디체를 오르페우스의 짝으로 등장시키기 이전의 신화, 즉 '신(神) 오르페우스' 표현을 전면에 두지 않았을까? 라고 조심히 추측해본다. 그리고 오르페우스의 죽음도 작품의 소재가 되었다(표 3에

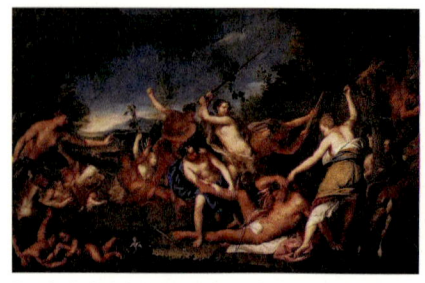
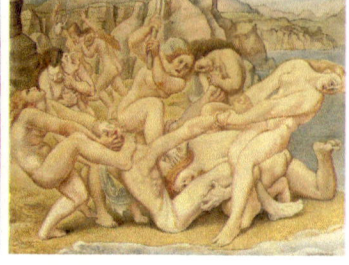

[그림 4] 라차리니, 《오르페우스와 바쿠스신의 여제들》   **[그림 5]** 부케, 《오르페우스의 죽음》

파란색으로 표시한). 18세기 초 라차리니의 《오르페우스와 바쿠스신의 여제들》부터 20세기 전반 부케의 《오르페우스의 죽음》까지 오르페우스가 모두 바쿠스 신의 여제들에 의해 몸이 찢겨 죽음에 이르는 잔인함을 담고 있다(그림 4와 5).

이처럼 신화에 담긴 여러 테마 중 무엇을 화폭에 담는가라는 개인적 취향 외에도 예술가들이 활동한 시대의 문화적 경향에 따라 신화는 새로이 태어난다. 뿐만 아니라 예술가들은 때로 신화를 완전히 새로이 창작하기도 한다. 그 예를 시각예술보다 음악, 특히 문학을 바탕으로 한 오페라에서 어렵지 않게 찾을 수 있다.

3) 음악으로 듣는 오르페우스와 에우리디체

몬테베르디 《오르페오》(1607)와 글룩 《오르페오와 에우리디체》(1762)의 대본은 베르길리우스의 오르페우스 줄거리를 토대로 구성되었다. 두 작곡가는 베르길리우스의 신화 가운데 오르페우스의 출생, 아르고(Argo) 원정대 참여 그리고 에우리디체와의 만남은 생략하였다. 몬테베르디 《오르페오》는 오르페우스와 에우리디체 결혼식으로 그리고 글룩의 《오르페오와 에우리디체》는 에우리디체의 장례식 장면부터 시작된다(그림 6, 참조). 이러한 두 오페라의 시작 장면은 베르길리우스 『농경시』의 오르페우스 '사랑이야기'를 담고 있음을 분명하게 드러낸다. 그러나 이 두 오페라 작품은 베르길리우스가 서술한 오르페우스 신화의 결말 그리고 그것을 그림으로 그려낸 화가들의 작품들과 다르다.

몬테베르디 《오르페오》 결말은 대본가 스트리죠(Alessandro Striggio, 1573-1630)에 의해 해피엔딩을 암시하는 것으로 각색되었다. 의심으로 인해 사랑하는 에우리디체를 지하세계로부터 데려오지 못하고 슬픔에 잠겨 절망한 오르페우스 앞에 아폴론이 나타난다. 아폴론이 그의 아들을 '영원한 생명'인 천상의 세계로 데려오고, 태양과 별들 속에서 살고 있던 에우리디체를 만날 수 있을 것 같은 암시로 끝맺는다. 신화 속 주인공들의 비극적 사랑 그리고 오르페우스의 끔직한 죽음의 결말은 몬테베르디 《오르페오》에서 천상에서 이 둘이 재회하고 숭고한 사랑을 지속한다는 상상으로 바뀌었다. 스트리죠의 이런 각색은 오비디우스(Publius Ovidius Naso, 기원전 43-기원후 17)[4]의 『변신이야기』 제10권의 내용에 근거한 것이다. 오비디우스는 오르페우스가 사후에 낙원인 엘리시움(Elisium)에서 에우리디체와 다시 만나 행복하게 살았다고 썼다.

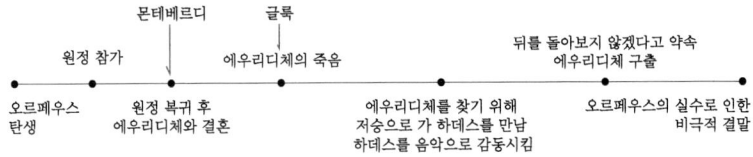

[그림 6] 오르페우스 신화 줄거리와 몬테베르디, 글룩의 오페라 시작 지점

이탈리아에서 오페라가 시작된 이후 오르페우스 신화를 주제로 한 작품들은 상당히 많은 편이다. 그 가운데 지금은 남아 있지 않지만, 페리의 작품이 가장 오래된 것으로 알려진다. 페리의 오페라 제목은 오르페우스가 아니라 에우리디체로 붙여지면서 조금은 다른 신화 해석을 암시한다. 페리의 《에우리디체》(1600)는 해피엔딩이다. 그러나 오비디우스의 『변신이야기』에서의 사후 낙원에서의 해피엔딩도 아니고, 몬테베르디 《오르페오》의 천상에서의 숭고한 사랑으로 끝나는 해피엔딩도 아니다. 페리의 《에우리디체》는 오르페오가 에우리디체를 지상으로 데려와 행복하게 살았다는 해피엔딩이다. 이는 이 작품이 메디치가(Medici family)의 결혼식 축하 무대에 올리기 위해 작곡되었다는 창작 배경에서 찾을 수 있다. 결혼식 축하 공연을 위한 오페라가 오르페우스와 에우리디체 신화의 결말을 그대로 수용할 수는 없었기에 페리의 《에우리디체》 대본가 리누치니(Ottavio Rinuccini, 1562-1621)는 지상에서의 행복한 삶으로 끝맺었을 것이다.

글룩은 이탈리아 시인이자 극작가였던 칼자비지(Ranieri Simone Francesco Maria de' Calzabigi, 1714-1795)의 대본으로 몬테베르디보다 150여년도 더 지난 1762년 《오르페오와 에우리디체》를 작곡했다. 이 대본은 에우리디체의 장례식 장면으로 시작될 뿐만 아니라, 줄거리에서도 몬테베르디의 오페라 대본과는 다른 면을 보인다. 에우리디체를 영원한 죽음에 빠뜨리는 원인은 몬테베르디 《오르페오》에서는 오르페우스의 '의심'에 의한 것이다. 반면 글룩의 오페라에서는 지옥에서 천상으로 올라가면서 뒤를 돌아보면 안 된다는 하데스(Hades)의 명령에 따라 오르페우스는 앞만 보고 걸어간다. 오르페우스 뒤를 따르며 그 모습을 본 에우리디체가 뒤를 돌아보지 않는 남편 오르페우스에게 자신에 대한 사랑이 식었냐며, 그의 사랑을 잃었다면 차라리 죽음을 택하겠다고 보챈다. 에우리디체의 이런 채근에 못 이겨 뒤를 돌아다보는 오르페우스의 어리석은 행동은 결국 에우리디체를 영원한 죽음에 빠뜨린다. 글룩의 《오르페오와 에우리디체》에서는 자신의 어리석은 행동을 후회하면서 자살하려는 오르페우스에게 에로스(Eros, 로마신화에서는 아모르 Amor)가 나타난다. 에로스는 오르페우스에게 '더 이상 사랑의 힘을 의심하지 마라. 나는 이 음습한 장소에서 너희들을 데리고 나갈 것이다. 이제부터 사랑의 기쁨을 만끽하라.'고 말한다. 에로스는 에우리디체를 다시 살려주고 그 둘은 지하 세계를 빠져나온다.

글룩의 《오르페오와 에우리디체》 해피엔딩을 몬테베르디 《오르페오》와 같이 오비디우스 『변신이야기』 영향으로 볼 수도 있을 것이다. 그러나 글룩의 《오르페우스와 에우리디체》 해피엔딩은 오페라 발달사와 연결하여 그 의미를 찾아볼 수도 있다. 이탈리아에서 오페라가 발생하며 등장한 초기의 이념은 '극이 우선이고 음악이 극에 봉사해야 한다.'는 논리였다. 이러한 이념은 페리 그리고 몬테베르디로 이어지면서 150여 년 동안 전 유럽을 지배했지만, 시간이 지나며 차츰 초심을 잃어 갔다. 그때 글룩은 초기 오페라 대본들과 동일한 신화를 다시 대본으로 한 《오르페오와 에우리디체》를 시작으로 오페라 개혁을 꾀하였다. 이 오페라에서 드러낸 글룩의 오페라 개혁 내용은 극이 우선이어야 하며, 극의 분위기를 처음 연주되는 서곡에서 드러내도록 하고, 합창도 오페라의 중요한 부분으로 다뤄야 한다는 것이다. 글룩은 서곡이 앞으로 전개될 극의 내용과 연관되어야 하며, 합창이 오페라 세리아(Opera seria) 양식에 맞춰 의미 없이 오페라에 포함되는 것이 아니라 극의 전개에 참여해야 한다고 주장하였다. 이러한 글룩의 오페라 개혁 주요 내용을 모두 포함하고 있는 《오르페오와 에우리디체》의 해피엔딩은 마치 그의 오페라 개혁 의지가 긍정적 결론에 도달하기를 희망하는 것과 오버랩 된다.

글룩의 오페라 대본가 칼자비지는 신적 초월성과는 거리가 있는 아주

'인간적인', 즉 인간 남녀가 끊임없이 '자기 나 사랑해!'라며 확인하는 인간적인 대본으로 신화를 각색했다. 글룩의 《오르페오와 에우리디체》 대본 속 인간적인 면이 부각된 각색을 계몽주의와 연결지어 생각하는 것은 무리가 아닐 것이다. 이러한 각색은 '인간의 이성을 믿고, 이성에 의한 인류의 진보를 확신'하는 신념에 의한 18세기 계몽주의 사상을 표면 위로 드러낸 것이다.

18세기 이전에 활동했던 세 작곡가들의 작품을 통해 시대적 변화와 환경 그리고 신화 수용에 따른 각자의 독자적인 해석을 살펴보았다. 작곡가들마다의 해석과 표현은 다르지만, 그들은 공통적으로 오르페우스를 '음악의 신'으로 그렸다. 부셰의 《짐승들을 감동시키는 오르페우스》에서와 같이 오르페우스가 리라를 연주하면 숲의 동물들뿐만 아니라 나무나 바위까지도 주위에 모여 귀를 기울였다는 신화 줄거리를 몬테베르디는 《오르페오》 2막에서 〈푸른 숲이여 기억하는가?〉(Vi ricorda, o bosch' ombrosi)라는 아리아로 담아냈다.

몬테베르디, 《오르페오》, 〈푸른 숲이여 기억하는가?〉

세월이 지나 다시 오르페우스 신화를 소재로 한 글룩의 오페라에서는 부셰나 몬테베르디가 바라본 오르페우스와는 다른 해석이 등장한다. 글룩은 코로의 작품에서와 같이 에우리디체를 지하 세계에서 구하는 수단으로 오르페우스의 리라를 음악으로 담아냈다. 글룩의 오페라는 베르길리우스 '사랑 이야기'로의 오르페우스 신화 변형을 기반으로 하고 있고, 특히 코로의 그림에서와 같이 에우리디체를 구하기 위해 리라를 연주하는 오르페우스 모습은 오페라 1막에서부터 제시된다. 글룩의 오페라 1막에서 오르페우스는 하데스를 비롯한 지하의 신들을 감동시켜 죽은 에우리디체를 구해 오라는 에로스의 허락을 얻어 내는 장면에서 리라를 연주한다. 그리고 2막에서 오르페우스가 부르는 〈하늘은 푸르고 태양은 밝기도 해라〉(Che puro cieli! che chiaro sol!)는 정령들을 감탄하게 하고 '죽음이 그대들을 떼어놓을 수 없구나!'하면서 에우리디체를 돌려주겠다고 약속하게끔 만든다.

글룩, 《오르페오와 에우리디체》, 〈하늘은 푸르고 태양은 밝기도 해라〉

4) 오르페우스 신화를 보는 다양한 예술적 시각

19세기 후반 이후 오르페우스 신화를 소재로 한 화가들의 창작은 오르페우스 '죽음'에 집중되어 있다고 할 수 있다(표 3, 참조). 오르페우스가 죽음에 이르는 과정을 라차리니의 《오르페우스와 바쿠스신의 여제들》(그림 4, 참조)과 부케의 《오르페우스의 죽음》(그림 5, 참조)에서 보여줬다면, 모로의 《오르페우스》(그림 7)는 조금 더 구체적인 이야기를 담고 있다. 그림에는 두 가지의 이야기가 표현되어 있는데, 우선 리라 위에 있는 잘려진 머리를 오브제로 오르페우스 죽음의 결말을 보여주고 있다. 그리고 오르페우스가 출생하자마자 엉금엉금 기어나가 거북이를 잡아 리라를 만들었다는 신화도 오른쪽 아래 두 마리 거북으로 상징하고 있다.

수세기 동안 반복되어 지겨워질만한 오르페우스 신화를 19세기 후반 프랑스 화가들이 다시 꺼내어 작품의 소재로 삼은 모습은 프랑스 제2제정(1852-1870) 말기에 들어서 대중들이 풍자적인 것보다 오히려 현실 도피적인 것을 선호했던 경향과 맞닿는다. 모로와 같이 상징주의 회화 작가로 알려진

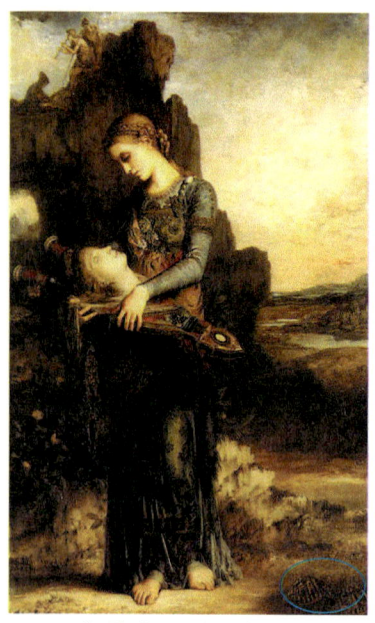

[그림 7] 모로, 《오르페우스》

르동도 《물 위에 떠 있는 오르페우스의 머리》와 《오르페우스》(그림 8과 9)에서 잘린 머리를 오브제로 하여 오르페우스 죽음의 결말을 보여준다.[5]

상징주의 화가들(레비, 모로, 르동)의 작품과 같이 음악에서도 프랑스 제2제정의 시대적 상황과 예술 경향을 수용한 새로운 창작물이 등장한다. 오페라보다는 규모가 작고 형식도 간단하여 감상하는 이들로 하여금 쉽게 접근할 수 있는 오페레타(operetta)에서 그런 경향을 담아내었다. 음악에서의 이런 시도는 이미 회화작품들 보다 몇 년 앞서 나타났다.

캉캉 춤음악으로 대중들에게 익히 알려진 독일 출신의 프랑스 작곡가 오펜바흐의 오페레타 《지옥의 오르페오》[6]가 바로 그 예다. 몬테베르디나 글룩과 같이 정식 오페라로 작곡하지 않으면서, 오펜바흐는 풍자와 익살을

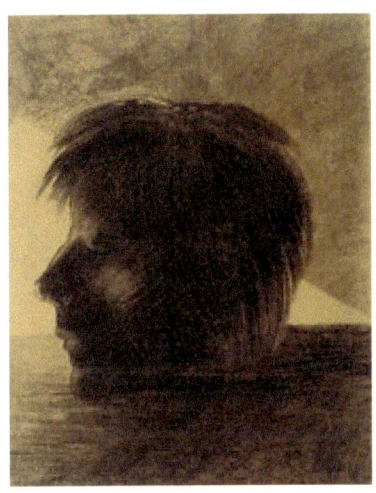
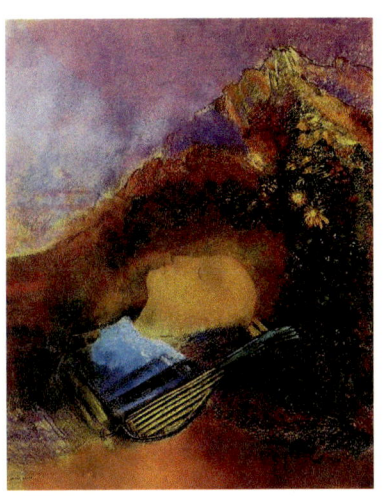

[그림 8] 르동, 《물 위에 떠 있는
오르페우스의 머리》

[그림 9] 르동, 《오르페우스》

《지옥의 오르페오》에 담아냈다. 작곡가는 어차피 전통적인 신화를 그대로 수용할 생각이 없었다. 원 신화에서 두 주인공에 관한 모티브만 가져와 이 야기를 완전히 다른 수준으로 각색했다. 당시의 관객이었던 프랑스 제2제정 부르주아 계급들의 오락에 대한 요구에 들어맞는 재미있어할 요소들로 음악 과 대본을 꾸려 공연에 올리니 관객들의 반응도 좋았다.

"그[오펜바흐]는 이 시기 파리의 부르주아들의 성향, 즉 도덕적
으로 타락하고 지적으로 쇠퇴하여 고귀한 주제가 맞지 않을 것이라는
점을 간파하고 있었으며, 따라서 오르페오와 에우리디체의 타락과 같
은 저속한 주제를 선택하는 것이 제2제정기 프랑스의 부르주아 계급
의 사람들을 동요시킬 수 있는 확실한 수단이 될 것이라고 생각하였
던 것으로 보인다."[7]

그래서 오펜바흐의 《지옥의 오르페오》는 글룩 이전 오르페우스 이야기의 토대가 되었던 베르길리우스의 '사랑이야기'와는 전혀 다르게 전개된다. 그리고 오펜바흐의 작품에는 두 주인공 외에 '여론'이라는 또 하나의 중요한 매체가 등장한다. 사람들의 생각이나 이야기를 여론으로 극의 흐름 요소요소에 삽입함으로서, 작곡가는 예전의 오르페우스 이야기와는 다른 전개를 보여주었다. 그래서 이전과 다른 전개의 이야기를 간략하게 읽어보는 것도 흥미롭다.

오펜바흐의 《지옥의 오르페오》는 오르페우스와 에우리디체가 처음부터 부부로 등장한다. 행복한 부부가 아닌 서로 다른 사람을 생각하는 불륜의 부부로. 그리고 신화와 예술 작품 속 오르페우스가 리라 연주로 지하세계 신과 정령을 감동시킬 수 있는 명연주자인 것과 달리 이 오페레타에서는 오르페우스가 평범한 수준으로 바이올린을 연주하고 가르치는 사람으로 연출되었다.

오르페우스는 에우리디체가 아닌 양치기의 딸을 사랑하고, 에우리디체 또한 아리스테우스(변장한 지옥의 신 하데스)를 사랑하고 있다. 신화에서와 같이 이 오페라에서도 에우리디체는 죽음을 맞는다. 그녀의 죽음은 오르페우스가 에우리디체와 아리스테우스의 밀회 장소에 뱀을 풀어놓아 발생하고, 아리스테우스로 변장했던 하데스는 에우리디체를 지하세계로 데려간다. 신화와 달리 오르페우스는 자신이 계획한 결과로 에우리디체가 죽자 기쁨을 금치 못한다. 그런 오르페우스가 뜬금없이 지하세계로 내려가 에우리디체를 살려온다는 스토리 전개는 아이러니 그 자체다. 오르페우스가 오펜바흐의 오페레타에서 지하세계로 에우리디체를 구하러 가게 되는 것은 '사랑'이 아닌 '여론' 때문이다. '자신의 아내를 되찾으려고 죽음을 불사하고 노력하는 남편에 대한 귀감을 만들어 후세에 길이길이 교훈으로 남기고자 하는' 여론에 떠밀려 오르페우스는 제우스에게 에우리디체를 구하러 갈 수 있게 해 달라는 청을 한다. 여론에 떠밀려 지하세계로 내려간 오르페우스는 확실하게 에우리디체를 살려서 지상으로 데려왔어야 할 것이다. 여론이라는 보는 눈들이 많았으니까. 그러나 이 작품에서도 신화에서처럼 에우리디체는 오르페우스가 뒤를 돌아보았기에 지상으로 나오지 못한다. 왜 그랬을까? 그 원인은 에우리디체에 대한 제우스의 호기심 그리고 신으로서 해서는 안 될 엽색 행각 때문이다. 에우리디체가 얼마나 아름답기에 하데스가 그녀를 지하세계까지 데려 갔을까?라는 궁금증이 제우스를 움직이게 했다. 그래서 그는 올림포스의 나날이 지루하기만 한 여러 신들과 함께 지하세계로 내려갔다. 그리고 제우스는 파리로 변신하여 에우리디체를 유혹한다. 이런 상황에서 제우스가 오르페우스에게 순순히 에우리디체를 지상으로 데려가라고 허락하지 않는다. 절대 뒤를 돌아보지 말라는 단서를 해놓고, 제우스는 벼락을 내려 에우리디체를 지상으로 데려가는 길에 오르페우스가 뒤를 돌아보게 한 것이다. 이 벼락은 의외의 결과를 낳는다. 아이러니하게도 타락한 주인공들 모두를 행복하게 한다. 본심과 달리 여론 때문에 에우리디체를 구하러 갔지만 신의 장난으로 목적을 이루지 못한 오르페우스, 에우리디체를 오르페우스에게 주지 않게 된 제우스 그리고 제우스와 올림포스에 가서 함께 살 생각에 젖은 에우리디체까지 모두 행복하다. 그러나 제우스는 여러 신들의 눈총에 못 이겨 에우리디체를 바쿠스의 여사제가 되게 한다.

이런 스토리 전개 속에는 작곡가와 대본가들(크레미으와 알레비)이 살았던 당시 프랑스의 정치적 상황에 대한 풍자와 비판이 담겼다. '사랑'으로 맺어진 혼인관계를 유지는 하지만, 각자 다른 이들을 사랑하는 오르페우스와 에우리디체의 행태 그리고 신 제우스의 타락한 모습은 부르주아를 타락시킨 당시 프랑스 제2제정의 독재자인 나폴레옹 3세가 투영된 것으로 해석된다.

또한 이 오페레타 스토리 전개에서 중요한 '여론몰이'는 대중의 인기에 기반한 나폴레옹 3세 정권이 여론에 민감할 수밖에 없었던 상황과 맞물리는 것이다. 오펜바흐의 오페레타는 베르길리우스의 '사랑이야기'를 변용해 사회를 비판했던 것이다.

《지옥의 오르페오》의 주제라 할 수 있는 타락과 쾌락의 음악적 표현은 포도주가 넘쳐흐르는 지옥세계에서의 파티 장면을 담은 마지막 장에서 확실하게 이루어진다. 〈포도주 만세!, 플루통 만세!〉(Vive le vin!, Vive Pluton!)를 합창이 부르며 시작하는 2막 2장은 바쿠스 시녀처럼 변장하고 파티에 참석한 에우리디체, 그녀와 도망치려는 제우스 그리고 그들의 도망을 가로막는 춤의 향연으로 타락과 쾌락을 충분히 보여준다. 미뉴에트 밖에 추지 못하는 제우스에게 진짜 춤이 무엇인지 보여줄 때, 바로 우리에게 캉캉으로 잘 알려진 〈이 춤이 진짜다〉(Ce bal est original)가 오케스트라의 경쾌한 사운드와 합창으로 연주된다. '프랑스 캉캉'인 이 음악은 피날레에서 다시 울려 퍼지면서 오페레타를 해피엔딩으로 마무리한다. 〈지옥의 갈롭〉(Le Galop Infernal)으로도 불리는 이 곡은 《지옥의 오르페오》 서곡에서부터 등장했다. 그리고 오펜바흐는 전체 줄거리 전개를 암시하는 서곡의 기능을 세 부분으로 구성하였다. 서곡의 시작 부분이 신화를 소재로 한 극음악답게 목관악기들이 주도하면서 목가적인 분위기를 연출했다면, 중간 부분은 이 오페레타에서 오르페우스가 바이올린 연주자임을 암시하듯이 바이올린 솔로가 주도한다. 서곡의 마지막 부분은 바로 〈지옥의 갈롭〉을 트라이앵글의 경쾌한 소리로 시작한다. 오케스트라로 웅장하면서도 경쾌하게 연주되는 서곡의 마지막 부분은 오펜바흐의 《지옥의 오르페오》에 대해 정보가 없는 청중이더라도 원 신화의 비극적 결말을 이 오페레타가 담고 있지 않음을 직감할 수 있게 한다.

오펜바흐, 《지옥의 오르페오》, 서곡 〈지옥의 갈롭〉

아르고 원정대와 연결되는 신화 속 모험가로서의 오르페우스, '사랑꾼' 오르페우스 그리고 19세기 낭만주의 문학 속에서 그려진 '시인'으로서의 오르페우스[8] 등 이제까지 등장했던 그 어떤 오르페우스와 달리 오펜바흐의 《지옥의 오르페오》는 신화가 "고정불변의 것이 아니며 시대에 따라 다양한 변이형을 갖는다."[9]라는 것을 확인시켜준다.

5) 디도와 에네아스를 보는 다양한 예술적 시각

신화가 끊임없이 작가의 문학적 관점, 장르사적 관점, 정치적 상황 등에 의해 변용되는 것은 신화의 생명력과 그에 담긴 풍부한 주제에 기인한다. 이와 같은 신화의 속성은 디도(Dido)와 에네아스(Aeneas)를 소재로 한 미술과 오페라 창작에서도 확인된다. 카르타고를 건국했다는 디도 신화를 소재로 한 예술작품 창작은 오르페우스 신화와 마찬가지로 중세 후기부터 21세기까지 지속되고 있다.

트로이의 왕자였던 에네아스는 트로이전쟁에서 크게 부상당한 후 어머니인 아프로디테(Aphrodite)의 도움으로 카르타고로 도망간다. 그리고 그가 카르타고에서 여왕인 디도와 만나고, 사랑하고 그리고 이별하는 이야기가 이 신화의 줄거리이다. 에네아스 신화에서 카르타고의 여왕 디도가 등장하는 것은 베르길리우스의 『아이네이스』(Aeneis, 기원전 19)에서 시작되었다. 신화 속에 여왕인 디도가 등장한 후 이 이야기는 더욱 관심을 끌게 되었다. 디도와 에네아스 신화는 오르페우스와 에우리디체 신화와 함께 예술가들의 관심을 끈 주제였다고 여겨진다. 수많은 회화 작품뿐만 아니라, 디도와 에네아스를 주제로 한 오페라는 특히 18세기 유럽 오페라 창작을 주도했다. 이 신화를 주제로 한 오페라가 그라우프너(Christoph Graupner, 1683-1760)의 1707년 작품을 시작으로 1795년 코젤루흐(Leopold Kozeluch, 1747-1818)의 작품까지 1700년대 작품만 보아도 수십 편에 이른 것으로 확인할 수 있다(표 5, 참조). 그리고 그 가운데 대부분의 작품이 이탈리아에서 창작되고 공연되었다. 이는 이 신화의 주인공과 직접적인 연관성을 갖는데, 특히 에네아스가 로마의 건국자였기 때문일 것이다. 이 신화를 주제로 창작된 회화작품과 오페라로 만들어진 대표적인 작품들만을 보더라도(표 4와 5) 디도와 에네아스 신화에 대한 예술가들의 관심 정도를 볼 수 있다.

그리스 로마 신화 속 에네아스는 트로이의 왕자 안키세스(Anchises)와 비너스라고도 알려진 여신 아프로디테의 아들로 태어났다. 호메로스의 『일리아스』(고대 그리스어: Ἰλιάς) 5권에는 에네아스가 전쟁 영웅으로 그려졌다. 이를 바탕으로 훗날 로마시대 작가들은 트로이전쟁에서 많은 적을 죽인 에네아스를 로마 건국자로 서술하였다. 표4와 5에 정리한 미술과 음악 작품의 제목들은 오르페우스의 짝 에우리디체와 같이 에네아스의 짝이 디도임을 보여준다. 이런 내용은 전쟁영웅이나 로마 건국자라는 사실 외에 예술가들의 관심을 더 끈 이야기는 에네아스와 카르타고 여왕 디도의 사랑에 관한 것이었다고 말 할 수 있게 한다.

장르는 서로 다르지만, 미술과 음악 작품의 제목만으로도 디도와 에네아스 신화 내용을 가늠할 수 있다. 또한 미술과 음악에서 창작자들이 보인 관심 포인트가 다름을 알 수 있다. 작품명들을 통해 에네아스와 디도가 서로 사랑을 하게 된 장소가 카르타고임을 그리고 디도가 카르타고의 여왕이라는 점을 알 수 있다(표 4와 5의 분홍색으로 표시된 작품들). 표 4에 하늘색으로 표시한

창작 연도	작품명	작가
대략 1450	카르타고의 에네아스	아폴로니오 디 지오반니 A. di Giovanni, ?-1465
1555-60년경	디도를 떠나는 에네아스	안드레아 치아보네 A. Schiavone, 1510-1563
1631	디도의 죽음	바르비에리 구에르치노 G. F. B. Guercino, 1591-1666
1630-35년경	디도와 에네아스	얀 반 덴 회케 J. van d. Hoecke, 1611-1651
1630년경	디도와 에네아스의 작별	귀도 레니 G. Reni, 1575-1642
1636—1638	비너스와 에네아스	세바스챤 부르동 S. Bourdon, 1616-1671
1637-40	디도의 죽음	
1639	에네아스에게 군대를 주는 비너스	니콜라스 푸생
1640	디도의 죽음	페터 파울 루벤스
1676	카르타고에서 디도와 이별하는 에네아스	클로드 로랭 C. Lorrain, 1604/05-1682
1712	에네아스를 맞이하는 디도와 아스카니우스로 변장한 큐피트	프란체스코 솔리메나 F. Solimena, 1657-1747
1714-25년경	디도와 에네아스의 사냥축제	쟝 라우
1715-17년경	에네아스와 아카테스에게 나타난 디도	앙투안 코펠 A. Coypel, 1661-1722
1720	디도와 에네아스의 왕실 사냥	프란체스코 솔리메나 F. Solimena, 1657-1747
1766	디도와 에네아스의 만남	나다니엘 단스-홀란드 N. Dance-Holland, 1735-1811
1778	디도의 죽음	죠반니 바티스타 치프리아니 G. B. Cipriani, 1727-1785
1792	디도의 죽음	하인리히 프리드리히 퓌거 H. F. Füger, 1751-1818
1814	디도와 에네아스	윌리엄 터너
1815	디도와 에네아스	피에르-나르치스-귀랭 P.-N.-Guerin, 1774-1833
1872	디도의 죽음	요제프 스탈레트 J. Stallaert, 1825-1903
1989	디도와 에네아스	클레르 반 블리에 C. V. Vliet, 1933-

[표 4] 디도와 에네아스를 소재로 한 미술 작품들

창작 연도	작품명	작곡가
1641	디도	프란체스코 카발리 F. Cavalli, 1602-1676
1656	디도	안드레아 마티올리 A. Mattioli, 1620-1676
1688	디도와 에네아스	헨리 퍼셀
1693	디도	앙리 데마레 H. Desmarets, 1661-1741
1707	카르타고 여왕 디도	크리스토프 그라우프너 Ch. Graupner, 1683-1760
1711	카르타고의 에네아스	야콥 그레버 J. Greber, ?-1731
1724	버림받은 디도	도메니코 N. 사로 D. N. Sarro, 1679-1744
	버림받은 디도	토마소 알비노니 T. Albinoni, 1671-1751
1726	버림받은 디도	레오나르도 빈치 L. Vinci, 1696-1730
1740	버림받은 디도	발다사레 갈루피 B. Galuppi, 1706-1785
1741	버림받은 디도	리날도 카푸아 R. D. Capua, 1710-1770
1744	버림받은 디도	파올로 스카라브리니 P. Scalabrini, 1719-1806
1747	버림받은 디도	니콜로 욤멜리 N. Jommelli, 1714-1774
1751	버림받은 디도	다비드 페레즈 D. Perez, 1711-1778
1755	버림받은 디도	죠반니 A. 피오로니 G. A. Fioloni, 1716-1778
1762	버림받은 디도	쥬세페 사르티 G. Sarti, 1729-1802
1770	버림받은 디도	니콜로 피치니 N. Piccinni, 1728-1800
1783	디도	
1795	버림받은 디도	레오폴드 코젤루흐 L. Kozeluch, 1747-1818
1823	버림받은 디도	사베리오 메르카단테 S. Mercadante, 1795-1870
1856-58	트로이인	엑토르 베를리오즈
2007	에네아스와 디도	제임스 롤프[10] J. Rolfe, 1967-

[표 5] 디도와 에네아스를 소재로 한 음악 작품들

것만 보아도 시각예술에서는 '디도의 죽음'이 화가들에게 주목 받았음을 알수 있다. 반면에 18세기부터 19세기 초까지 작곡된 《버림받은 디도》(Didone abbandonata)[11]라는 동명의 오페라들로 볼 때, 음악에서는 시각예술에서보다 에네아스가 디도를 떠난다는 소재에 더 집중했다(표 4와 5에서 연두색으로 표시한 작품들 비교). 에네아스가 로마 건국을 위해 카르타고, 즉 디도를 떠나는 것을 소재로 한 작품들은 신화 속 이 둘의 사랑이 '디도의 죽음'이라는 비극으로 끝날 것을 예견한다.

화가들은 죽어가는 디도의 모습을 비스듬하게 누워있는 자세로 그렸다(그림 10과 11). 또는 구에르치노의 그림처럼 죽어가는 디도 주위에 천사를 그려 '죽음'을 보여주기도 한다. 디도의 죽음을 작곡가들도 그림 음악적으로 표현했다. 퍼셀의 《디도와 에네아스》 중 가장 많이 알려진 아리아는 디도가 부르는 〈내가 땅 속에 묻힐 때〉(When I am laid in earth)이다. 레치타티보가 끝나고 아리아 시작 전 악기들이 계단을 내려가듯이 아래로 내려가는 음들을 연주하는데, 이는 디도가 지하세계로 한 걸음 한 걸음 걸어 내려가는 듯한 모습을 그리는 것이다. 레치타티보가 끝나고 연주하는 죽음을 암시하는 반주는 디도가 노래하는 동안 계속 반복된다. 청중들은 아리아를 들을 때, 악기

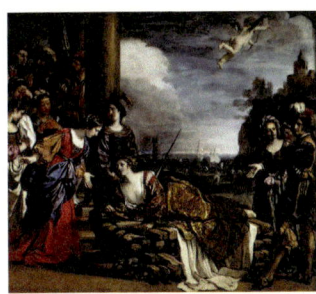

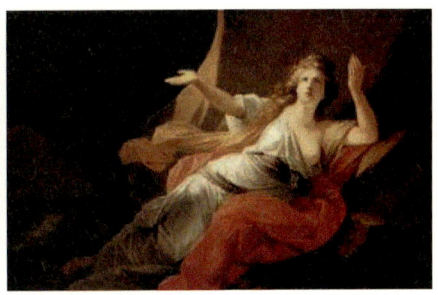

[그림 10] 구에르치노, 《디도의 죽음》   [그림 11] 퓌거, 《디도의 죽음》

들의 연주와 노래의 움직임으로 이미 죽음을 받아들이는 디도의 마음과 상황을 공감하게 되는 것이다.

퍼셀, 《디도와 에네아스》, 〈내가 땅 속에 묻힐 때〉

작곡가 베를리오즈의 오페라 제목은 에네아스와 디도 두 사람에만 초점을 맞추고 있지 않음을 보여준다. 그의 오페라 《트로이인》은 디도와 사랑으로만 엮인 남자 에네아스가 아닌 트로이인으로서의 주체를 암시한다. 이 오페라 1부는 에네아스가 참전했던 트로이전쟁을 주제로 하고, 디도와의 사랑은 2부에서 다룬다. 이런 이야기 구성은 호메로스의 영웅이야기와 베르길리우스의 사랑이야기를 모두 수용한 것이다.

6) 새로운 해석을 넘어 신화 창조로

신화를 예술로 수용하려는 창작자들은 자신이 선택한 신화를 원래 이야기대로 재현하거나 또는 새롭게 해석하고 표현하려는 생각을 갖는다. 그래서 예술적으로 새롭게 해석하려는 신화는 재창조되기도 한다. 그 좋은 예는 '판타지아'(Fantasia)라는 디즈니의 애니메이션에서 찾을 수 있다. 디즈니는 베토벤의 《교향곡 제6번》(일명 전원 교향곡)을 그리스 로마 신화를 바탕으로 재미있는 만화영화로 만들었다. 표제음악의 대표적인 작품으로 알려진 이 교향곡에서 베토벤은 전원의 순수하고 평화로운 모습을 그리려 했을 것이다. 베토벤이 그린 다섯 개의 악장들은 각각 1악장 '시골에 도착하여 느끼는 유쾌한 기분', 2악장 '시냇가의 정경', 3악장 '농부들의 잔치', 4악장 '폭풍' 그리고 5악장 '폭풍 후에 목동이 부르는 감사의 노래'라는 부제를 가지고 있다. 이 기악음악을 디즈니는 그리스 로마 신화를 삽입하여 환상과 상상을 넣어 새롭게 해석했다. '판타지아'에는 올림포스, 페가수스 그리스 신화에 나오는 반인반마(半人半馬)의 종족인 켄타우르스, 큐피트, 목동들의 신으로 반신반수인 판, 밤의 여신인 닉스 등을 등장시키면서 작곡가의 창작의도와는 상관없이 신화적 분위기로 해석하였다. 디즈니의 작업은 신화를 재해석하는 차원을 넘어 음악작품을 바탕으로 시각적인 차원에서 신화를 새롭게 창조한 것으로도 이해할 수 있다.

2장에서 살펴 본 오르페우스 신화, 에네아스 신화 그리고 디즈니 애니메이션으로 재해석된 베토벤 교향곡은 예술가들이 신화를 단순하게 창작 소재로 사용하는 것뿐 아니라, 다양한 관점으로 변용하는 것을 보여준 예들이다. 그러나 예술가들은 이런 작업을 넘어 새로운 신화를 창작하기도 한다. 예를 들자면, 바그너의 연작 음악극 《니벨룽겐의 반지》, 슈톡하우젠의 오페라 연곡 《빛》 등이다. 제1부 《라인의 황금》(Das Rheingold), 제2부 《발퀴레》(Die Walküre), 제3부 《지그프리트》(Siegfried) 그리고 제4부 《신들의 황혼》(Götterdämmerung)에 의한 바그너의 음악극 《니벨룽겐의 반지》는 다른 예술가들이 신화를 수용하는 방식과는 조금 다른 것으로 볼 수 있다. 작곡자가 총 18시간 가량 공연되는 하나의 대작을 기획하고, 이전까지는 없었던 새로운 방식으로 극을 표현하기 위한 모든 준비를 스스로 이루어낸 것이다. 이탈리아 오페라와는 다른 독일적인 소재와 그것을 표현하기 위한 독자적인 방식을 모색했던 바그너는 작품의 소재를 독일의 건국신화로 정했다. 그래서 기본적으로 독일에 전해지던 니벨룽겐 신화를 토대로 음악극 대본을 자신이 직접 완성했다.[12] 라인강의 황금과 거기에 독일 신화의 영웅 지그프리트 그리고 연관된 수많은 신들을 이야기의 등장인물로 설정했고, 그들과 인간과의 관계를 통해 독일이라는 민족의 등장을 정당화시킨 것이다.

현대로 와서 독일 작곡가 슈톡하우젠은 일주일, 즉 월요일부터 일요일까지 각 요일을 제목으로 하는 오페라 묶음으로 《빛》을 작곡했다. 1977년부터 2003년까지 장장 27년간에 걸쳐 슈톡하우젠은 각 요일의 의미와 연관된 신화를 연구하고 여러 나라의 종교를 조사했다. 이런 과정을 걸쳐 슈톡하우젠은 종교적인 요소와 신화적인 요소를 혼합하여 각각의 주제를 가진 7편의 《빛》 시리즈를 완성했다. 물론 이 작품이 전통적이거나 특정한 신화를 중심 소재로 사용한 것은 아니지만, 작곡가 슈톡하우젠이 연구하고 조사한 신화와 종교(기독교)의 응축물로서 미카엘(Michael), 루시퍼(Luzifer), 에바(Eva)라는 주인공을 설정했다. 슈톡하우젠은 미카엘을 '우리 우주의 창조적 천사'로, 루시퍼는 '미카엘을 질투하는 대립체' 그리고 에바는 '음악적인 인간성의 새로운 탄생을 통한 인간의 종적인 질 혁신을 추진하는 인물'로 설정했다.[13] 다시 말해 슈톡하우젠의 연작 오페라 《빛》에서 미카엘은 유대민족의 수호천사도, 사탄의 군대와 맞서거나 병이나 상처를 치유하는 천사도 아니다. 또한 에바는 성경에 나오는 인물인 하와의 고전 그리스어·라틴어 식 표기와도 아무 관련이 없다. 이런 내용은 슈톡하우젠의 《빛》 시리즈를 기존의 신화를 소재로 한 작품들과 차별화를 갖게 한다.

미주

1. 유발 하라리/조현욱 옮김, 『사피엔스』, 김영사, 2015, 48-49.
2. 오르페우스 신화는 가장 잘 알려진 잃어버린 에우리디체를 찾는 슬픈 '연인 오르페우스' 외에도 네 가지 정도의 테마를 더 포함한다. 아르곤 원정대에 참여한 '여행자 오르페우스', 비밀스러운 '종교의 창설자인 오르페우스', 마법의 힘이 모든 창조물-나무, 바위, 짐승과 새들에게 신비한 힘을 구사하는 '시인 오르페우스' 그리고 바쿠스신의 여제들에 의해 몸이 찢기어 '죽어가는 오르페우스'가 그것이다.
3. 오르페우스의 생애 중 '에우리디체를 만나 함께 한 시기'로 해석하게 한 일명 '오르페우스와 에우리디체'의 작품들 중 셀라이오와 뒤시의 그림을 제외하고 루벤스와 라우의 그림은 지하세계에서 에우리디체를 데려오는 모습을 담고 있다.
4. 오비디우스는 고대 로마 시인이었다. 그가 남긴 『변신이야기』(Metamorphoses, AD 8)는 총15권으로 구성되었으며, 후대의 수많은 작가들이나 예술가들에게 영향을 주었다.
5. 모로와 르동 외에도 19세기 말 오르페우스 죽음을 잘린 머리로 표현한 작가들과 작품은 장 데빌(Jean Deville, 1867-1953)의 《오르페우스》(1893), 존 윌리엄 워터하우스(John William Waterhouse, 1849-1917)의 《오르페우스의 머리를 발견하는 님프들》(1900) 등 다수이다.
6. 오펜바흐는 상당히 많은 무대음악 작품을 남기고 있는데, 그 가운데 정통 오페라는 불과 두 작품뿐이며, 대부분의 다른 작품들은 오페레타이다. '천국과 지옥'이란 제목으로도 알려진 이 《지옥의 오르페오》는 극작가 크레미으(Hector Cremieux)와 알레비(Ludovic Halevy) 각본에 따른 것이다.
7. 신혜승, "오르페오 신화의 대항 음악서사, 자크 오펜바흐의 「지옥에 간 오르페」 - 제2제정기의 프랑스 사회와의 연관성을 중심으로 -", 『음악과 현실』 58(2019), 119.
8. 19세기 문학작품 네르발(Gerard de Nerval, 1808-1855)의 『오렐리아』(1855)와 빅토르 위고(Victor Hugo, 1802-1885)의 『세기의 전설 II』(1877)에서 오르페우스는 '시인'으로 그려진다. 위고의 작품에서 그려진 '전제군주와 물질세계를 극복할 수 있는 영혼을 가진' 시인으로서의 오르페우스는 20세기 초 장 콕토의 『오르페우스』(1926)에서 '개혁을 시도'하는 시인으로 이어진다.
9. 김미성, "네르발의 오렐리아와 오펜바흐의 지옥의 오르페우스에 나타난 오르페우스신화", 『프랑스문화예술연구』 27(2009), 1.
10. 롤프(James Rolfe, 1967-)라는 작곡가는 《에네아스와 디도》뿐만 아니라 《오르페우스

와 에우리디체》(2003)도 토론토 마스크 극장(Toronto Masque Teatre) 의뢰로 작곡하였다.https://en.wikipedia.org/wiki/James_Rolfe_(composer)

11. 특히 이 제목으로 18세기 이탈리아 작곡가들은 수많은 오페라 작품을 창작하였다.

12. 《니벨룽겐의 반지》 대본은 소설 『반지의 제왕』과 유사한 소재(세계를 지배하는 힘을 가진 황금, 지하세계 난쟁이, 거인들 등)를 갖고 있다.

13. 오희숙, "페미니즘 음악비평 ; 새로운 여성성의 음악적 시도: 슈톡하우젠의 『빛으로부터의 월요일』(1984-1988)", 『음악이론연구』 7(2002), 41.

CHAPTER 3.

기독교와 예술

사전적 정의에 따르면 종교는 "신이나 초자연적인 절대자 또는 힘에 대한 믿음을 통하여 인간 생활의 고뇌를 해결하고 삶의 궁극적인 의미를 추구하는 문화 체계"[1]라고 이해하기에는 조금은 어렵게 설명된다. 그 문장 안에서 특히 '믿음'이란 단어에 주목해 볼 때, '신을 믿는다'라는 사고는 그리스 로마 신화 속의 다양한 신들을 믿었던 것도 일종의 비제도적인 종교일 수 있게 한다. 불교, 기독교, 이슬람교 등 제도적인 종교들도 신화 또는 설화와 같은 이야기를 포함한다. 그럼에도 불구하고 '신화'와 '종교'는 분리되어 예술로 표현되었다. 종교학자이자 소설가인 엘리아데(Mircea Eliade, 1907-1986)는 그런 면에서 종교를 세속적인 의미를 담은 '속'(俗, profane)과 종교적인 '성'(聖, sacred)으로 구분하여 접근했다.[2]

우리가 그리스 신화 속에서 만나는 많은 내용들은 당시 그리스 사람들이 만들었던 이야기이다. 그리고 그들은 그런 신화를 마치 하나의 종교처럼 믿은 것이다. 현대인들은 그렇게 만들어진 이야기들을 일상 속에서 '전해지는’ 이야기, 즉 엘리아데의 ‘속’(俗)으로 구분되는 설화 또는 신화로 이해한다.

‘종교’는 여전히 현대인들이 ‘생활의 고뇌를 해결하고 삶의 의미를 추구하는’ 믿음인 ‘성’(聖)으로의 접근이다. 물론 이 과정에서 우리는 ‘속’, 즉 ‘전설’로 보여지는 종교의 신화화를 배제할 수 없겠지만, 이 장에서는 ‘종교와 예술’의 범위를 좁혀 유럽에서의 기독교와 예술을 들여다보려 한다.

종교인이 아니더라도 유럽을 여행할 때 우리는 기독교 또는 이슬람 예술에 감탄한다. 제1장에서 그림 1로 제시한 서유럽 서유럽 여행 코스 중 이탈리아 베로나 방문을 제외하고 다시 정리해 여행을 떠나보자. 유럽 4개국을 여행하는 일정을 짧게 잡으면 8박 9일 정도로도 가능할 것이다. 상상만 해도 흥분되는 유럽여행에서 과연 우리는 무엇을 볼까?

	국가	장소	주요 일정
Day 1	대한민국 → 영국	인천 → 프랑크푸르트 경유 → 런던 도착	
Day 2	영국 → 프랑스	런던 관광, 파리 이동	버킹엄 궁전, 빅벤, 웨스트민스터 사원
Day 3-4	프랑스 → 스위스	파리 관광, 인터라켄 이동	베르사유 궁전, 에펠탑, 개선문, 샹젤리제 거리, 노트르담 성당, 콩코드 광장, 루브르 박물관
Day 5	스위스 → 이탈리아	융프라우, 밀라노 이동	융프라우 등정, 두오모 성당, 스칼라 극장
Day 6	이탈리아	베니스 관광	탄식의 다리, 산 마르코 광장 및 성당, 두칼레 궁전
Day 7		피렌체 관광, 로마 이동	꽃의 성모 마리아 성당, 시뇨리아 광장, 미켈란젤로 광장
Day 8		로마 관광	바티칸 박물관, 시스티나 예배당, 성 베드로 대성당 및 광장, 콜로세움, 포로 로마노, 트레비 분수

[그림 1] 서유럽 여행 일정

그림 1에 요약 정리한 여행일정은 상당히 피곤하겠지만 새로운 나라에서 새로운 것을 본다는 기대를 갖게 한다. 큰 기대를 하고 새로운 도시에서 만나는 대부분의 것들은 옛날부터 그곳을 지켜오고 있는 '유적'이다. 4개국을 여행하는 여행자는 큰 도시에서 '종교', 특히 성당과 같은 기독교 관련 유적지를 방문한다. 그리고 성당과 함께 황제나 왕이 살았던 궁정들이나 박물관 등도 내부를 관람하거나 최소한 외부라도 보게 된다. 방문하는 장소들에서 여행자는 건축양식, 정원, 내부의 장식, 그림, 조각 등을 보며 감탄하기도 한다. 특히 성당 그리고 궁정과 같은 건축예술 관람은 이 여행 일정에서 큰 비중을 차지한다. 파리 노트르담 성당이나, 이탈리아에서의 여행 목적지 4곳 도시들의 성당들은 빠지지 않는 관광 명소이다. 건축예술에 관한 지식이 많지 않은 사람도 로마네스크 양식, 고딕 양식, 브루넬레스키의 건축, 르네상스 양식, 바로크-로코코 양식, 신고전주의 양식 등의 명칭을 들어보았거나 실제 건물을 본 적이 있을 것이다. 건축양식에 대한 지식이 없어도, 성당이나 궁정 등의 건축물을 보면 웅장하고 화려한 모습에 감탄을 자아낸다. 여러 건축 양식에 대해 사전 지식이 있다 해도 어떤 건물이 어떤 양식에 의한 것인지 바로 이해하기는 어렵다. 이는 건축물이 너무 커서 한눈에 들어오지 않아서이기도 하겠지만, 성당과 같은 큰 건축물이 가지는 건축기간 때문이기도 하다. 그런 건축물은 대부분 건축되기 시작한 때로부터 오랜 시간을 지나 완공되었을 뿐 아니라, 전쟁 등으로 파괴되고 복원되면서 복원 당시의 건축 양식이 새롭게 융합되었을 수 있기 때문이다. 이렇게 만들어지는 기간에 따라 양식적인 혼합이 나타나는 것은 건축에서 특히 많지만, 미술이나 음악에서 양식적인 혼합이 이루어지는 경우는 거의 없다. 그래서 관람객의 입장에서 오래된 역사적 건축물을 보는 것이 다른 장르의 예술과는 완전히 다른 느낌일 수 있다.

1) 파리 노트르담 성당에서 만난 건축예술

그림 1의 여행 셋째 날 파리를 관광하는 여행자는 노트르담 성당, 개선문 그리고 파리를 벗어나 베르사유 궁전을 분명히 방문할 것이다. 세 군데 모두 파리를 대표하는 명승지이기 때문에. 그때 가이드의 장황한 설명에는 고딕 양식, 로코코 양식 그리고 신고전주의 양식과 같은 용어들이 자연스럽게 포함될 것이다. 그런 설명에 여행자는 아하! 하며 고개를 끄덕이고, 건축물의 이곳저곳을 바라보며 그 양식을 눈으로 확인할 수 있다. 노트르담 성당은 빅토르 위고(Victor Hugo, 1802-1885)의 소설 『파리의 노트르담』(Notre-Dame de Paris, 1831)으로 또는 뮤지컬 《노트르담 드 파리》를 통해 그 이름이 낯설지 않을 것이다. 또한 2019년 화재로 전세계인들을 안타깝게 했었고, 2024년 12월 7일 복원이 끝난 노트르담 성당은 여행자들에게 더 감동스러운 장소가 될 것이다. 여행자들은 '아하! 여기가 노트르담 성당이야!'라고 고개를 끄덕이며 화재의 그리고 복원의 흔적을 찾기도 하고 소설 속 주인공 콰지모도가 종을 쳤던 종탑을 찾을지도 모른다.

노트르담 성당에 대한 안내책자에는 아주 오랜 기간 동안 건축되었다는 성당의 건축사나 성당 내 스테인드글라스에 대한 아름다움과 의미 등이 소개되어 있다. 하지만 음악 역사에서 이 성당이 가진 의미가 얼마나 큰 것인 가에 대한 내용은 일반인들이 잘 알지 못한다. 문학과 음악적 배경을 조금 더 짚어보면, 프랑스나 유럽의 다른 성당들보다 노트르담 성당은 그 이름에서 이미 개성적인 면을 보인다. '우리의 숙녀'로 번역되는 '노트르담'(Notre-Dame)은 여성숭배와 여성찬미 그리고 동정녀 마리아를 숭배한 12-14세기 서유럽의 고딕사회를 반영한다.[3] 노트르담 성당은 1163년 착공하여 180여년 후에 완공되었고, 그 건축양식은 12-14세기의 고딕 양식[4]이다. 노트르담 성당의 버팀돌(플라잉버트리스 flying buttress), 긴 창문 그리고 스테인드글라스는 고딕 양식의 특징들이다.

10-12세기의 로마네스크 양식이나 12-14세기의 고딕 양식은 모두 중세시대에 속하지만, 그 구분은 당시 사회적 배경과 연관되어 있다. 중세 후반기에 접어든 12세기부터 서유럽은 대학이 설립되고 중산계급이 생겨나면서 경제적으로 번영과 안정을 영위했다. 도시 시민들의 신앙에 대한 열망은 바로 고딕 양식에 의한 교회건축에 반영되었다. 당시의 고딕성당 건축이 압도적으로 이루어질 수 있었던 배경에는 어느 시대에도 볼 수 없었던 당시 사람들의 열망이 있었다. 세상의 권력가, 명예와 재산을 가진 사람들뿐 아니라 고귀한 남녀들까지 멍에를 직접 메고 짐 실은 짐승처럼 교회를 짓기 위해 필요한 모든 것들(술, 곡식, 기름, 돌, 목재 등)을 옮겼다고 한다.

시민들에게 건축물의 압도적인 외형만을 보여 준 것은 아니었다. 성당 내부는 더욱 섬세하고 엄숙한 분위기를 위해 꾸며졌다. 크지 않은 창문으로 실내가 어두울 수밖에 없었지만, 스테인드글라스를 통해 성당 안으로 들어오는 빛을 경건하게 이용했다. 고딕건축 양식의 특징인 스테인드글라스는 신의 첫 창조가 빛과 어둠의 구별이었음을 보여주는 "태초에 하느님은 '빛이 있으라'고 하셨다."(창세기 1장 3절), "나는 세상의 빛이다."(요한복음 8장 12절) 그리고 하늘의 예루살렘은 "선명한 유리와 같다."(계시록 21장 18절)와 같은 성경 구절의 구현인 것이다.

노트르담 성당이 고딕 양식의 건축물이라고 분명히 보여 주는 것은 성당 전면 세 개의 출입문 위에 부조로 표현된 팀파눔들이다. 건축 양식적으로는 삼각형 모양이지만, 깊이감이 있는 첨두형인 노트르담 성당의 팀파눔들은 로마네스크 양식의 그것이 반원형인 것과 확실히 다르다(그림 2, 위-좌와 우 비교). 또한 성서적인 해석에서도 두 양식은 차이를 보인다. 로마네스크 양식에서는 성서적 사건과 성자들의 전설을 팀파눔 소재로 하였다. 반면에 노트르담 성당은 12-14세기 고딕사회에서의 마리아 숭배를 반영하였다. 그래서 노트르담 성당 전면의 좌측과 우측 팀파눔 소재는 성모 마리아 승천과 대관식 등을 소재로 하여 기독교 문화 해석의 변화를 담고 있다. 그러나 세 개의 정문 중 가장 늦게 완성된 중앙 출입문(최후의 심판 출입문, 1220-1230년경) 위에 부조로 조각된 최후의 심판 팀파눔은 로마네스크 양식에 의한 것과 유사한 내용을 담고 있다. 중세시대에 건축된 교회 전면 입구나 내부 기둥에 기독교의 극적인 장면을 추상적이고 기하학적으로 표현한 조각들을 쉽게 볼 수 있다. 이러한 조각이나 부조들은 교회를 아름답게 보이기 위한 장식이라기보다는, 신도들에게 시각적으로 교리를 전달하려는 목적을 담고 있다. 성당들의 '최후의 심판' 팀파눔들은 이 목적을 특히 잘 보여준다. 성경에서 인간이 죽으면 그 죄를 저울질하여 선한 영혼은 왼쪽(하늘, 곧 그리스도의 오른쪽)으로 그리고 죄를 지은 영혼은 마귀에 의해 오른쪽(지옥)으로 인도된다고 하였다(그림 2, 아래). 중세시대 죄를 심판 받을 때 겪을 무서운 고통을 천국과 지옥을 대조시켜 실감나게 표현한 극적인 장면은 성서를 읽을 수 없는(라틴어로 기록되었으므로) 대부분의 사람들에게 자신들의 죄를 깨닫게 하고자 한 기독교적 교리를 전달하는데 뛰어난 효과를 보였음에 분명하다.

노트르담 성당의 스테인드글라스를 통과한 빛은 아름다움과 웅장함까지 느끼게 한다. 이렇듯 성당 안에서 느끼는 빛에 의한 웅장함이나 성당 밖 정문과 둘레 벽에 새겨진 조각은 단순히 아름다움이나 웅장함만을 위해 만들어진 것이 아니었다. 그러나 시간이 흘러 21세기 노트르담 성당 스테인드글라스를 통과한 영롱한 빛과 팀파눔들과 성당 구석구석에 세워진 조각들을 관람하는 여행자들은 그것들을 교리 전달의 목적이 아닌 '예술품'으로 받아들일 것이다.

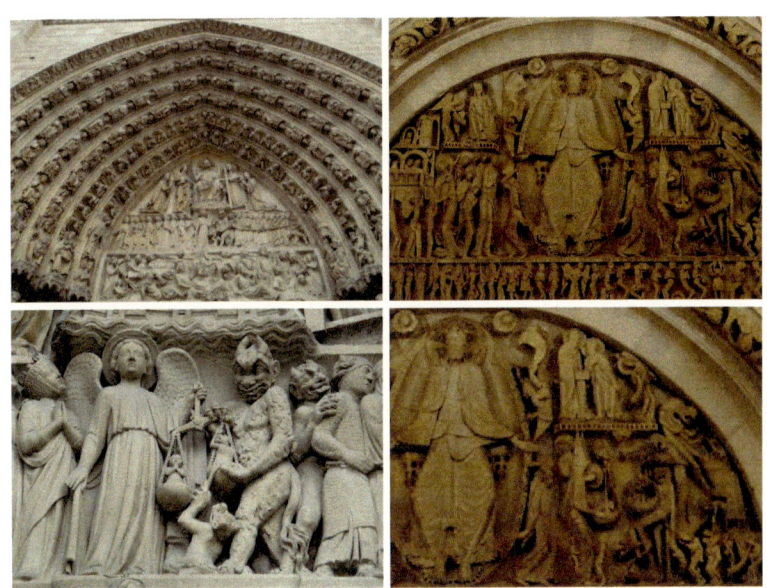

[그림 2] 노트르담 성당 전면 팀파눔(위. 좌)/로마네스크 양식의 생 라자르 성당(위, 우)
노트르담 성당(아래, 좌)과 생 라자르 성당(아래, 우) 중앙 팀파눔 중 일부

당시에 필요한 사회적, 종교적 기능 등 실용성을 바탕으로 건축되고 제작된 역사 속 유물들을 우리는 지금 '예술'로 규정한다. 이러한 건축물이나 유물들이 왜 지금은 '예술' 또는 '예술작품'으로 평가되고 있을까? 그 이유는 그것들이 갖고 있는 '예술적' 가치에 있다. 그리고 그것들에 대한 역사적 평가가 꾸준히 진행되며 종합되고 있기 때문일 것이다. 그렇기 때문에 라틴어를 이해하지도, 배우지도 않는 21세기 대부분의 현대인들은 기독교 예배를 위해 오래 전에 작곡된 음악들을 본래 가졌던 기능성을 배제하고, 순수 예술로 받아들이고 감상까지 하고 있다. 그런 점은 아마 시각예술보다 그 정도가 더 할 것이다.

2) 파리 노트르담 성당에서 '못' 만난 음악예술

파리여행에서 그 옛날에 건축 된 노트르담 성당은 감탄을 연발하며 눈으로 볼 수 있다. 그러나 아쉽게도 노트르담 성당이 건축되는 동안 그리고 완성된 후 그곳을 채웠던 음악은 파리여행에서는 만날 수 없을 것이다. 노트르담 성당의 건축 시기는 바로 '오르가눔'(Organum)이라는 다성음악 양식이 발전하는 시점과 만난다. 하나의 선율을 노래하는 단성성가를 시작으로 차츰 성부를 더해가며 복잡한 다성 성악음악으로의 발전을 잠깐 정리하면 '오르가눔'이라는 전문 용어의 이해를 도울 수 있을 것 같다.

기독교 예배의식이 조금씩 표준화되기 시작했던 4세기 후반의 교회음악은 반주 없이 하나의 성부를 노래했다. 교단의 지침에 따라 교회에서 악기는 사용되지 않았기에 노래에 의한 교회음악이 전부가 되었다. 그래서 중세시대 종교음악의 전부는 성악음악이었다. 유럽 여러 지역에서 다양한 모습으로 구전(口傳)되던 초기 단성성가들을 교회에서는 통일된 모습으로 정리하여 교회의 통합을 꾀했다. 성가를 모으고 정리하기 시작한 것은 교황 그레고리오 1세(590-604년 재위) 때부터이고, 그 후 오랜 시간을 거쳐 그레고리오 2세(715-731년 재위) 때에 이르러서야 체계적인 성가집으로 집대성되었다. 이렇게 완성된 『그레고리오 성가집』(Gregorian Chant)은 단순한 성가모음집을 넘어 종교의식의 유형이나 양식 등으로 중세 공동체적인 시대정신도 담고 있다. 오랜 기간 동안 성가집에 포함된 성가들을 부르면서 선율에 장식적인 부분도 추가하고, 거기에 가사까지 조금씩 추가하게 되었다. 이런 과정을 거치면서 초기의 단성교회음악은 9-13세기에 걸쳐 오르가눔으로 지칭되는 다성음악으로 발전한다. 단순하게 성부들이 음정의 간격을 두고 나란히 노래하던 것으로 시작한 오르가눔(Parallel Organum, 병행오르가눔)은 시간이 가면서 장식적인 형태로 발전하게 된다. 바로 이 시기가 노트르담 성당의 건축 시기와 만난다.

유럽의 첫 번째 대학교 설립으로 교육 뿐 아니라 12세기 유럽 문화의 중심지였던 파리의 노트르담 성당에서 두 명의 작곡가, 레오냉(Léonin, 1150-1201)과 페로탱(Perotin, 1200년 경 활동)이 봉직했다. 레오냉과 페로탱은 성부를 추가하여 다성성가를 작곡함에 있어 언어적 장-단에 따르지 않는 새로운 리듬체계[5]를 구축하였다. 그래서 이 두 작곡가의 교회 다성음악은 그들이 봉직했던 성당의 이름을 따서 '노트르담 양식'이라고 명명되면서 중세 후기 교회음악을 대변한다. 레오냉은 2성부로 교회음악을 작곡하면서 이 새로운 리듬체계를 활용했다. 특히 언어의 모음을 음악적으로 활용하였다. 그는 하나의 모음을 여러 음으로 노래하면서 더욱 선율적인 느낌을 드러내는 멜리스마 오르가눔(Melismatic Organum, 장식오르가눔)을 작곡할 수 있었다.

레오냉, 멜리스마 오르가눔

페로탱은 레오냉의 멜리스마 오르가눔의 성부 수를 3-4성부로 확대했다. 그로 인해 페로탱의 교회음악은 레오냉보다 더 웅장하고 장식이 많았다.

페로탱, 오르가눔 〈만민이 보았도다〉(Viderunt omnes)

페로탱 교회음악의 성부 확장과 화려함은 당시 고딕 양식의 교회, 즉 노트르담 성당의 웅장함, 화려한 창문 장식과 맞먹을 정도로 종교에 대한 경외심을 불러일으켰다.

'우리들의 숙녀' 또는 '우리들의 성모'를 뜻하는 '노트르담'을 교회음악 제목에 포함시킨 작곡가도 있다. 14세기 작곡가 기욤 드 마쇼(Guillaume de Machaut, 1300년경-1377)는 파리에서 150km 정도 떨어진 랭스 대성당(Cathédrale Notre-Dame de Reims)[6]에서 수사신부로 봉직했다. 미사에 사용되는 음악은 교회력에 따라 절기마다 다른 가사로 노래하는 '미사고유문'과 어느 절기에도 동일한 가사로 노래하는 '미사통상문'으로 나뉜다. 마쇼는 바로 통상문 미사음악(키리에, 글로리아, 크레도, 상투스, 아뉴스 데이)[7]을 하나의 세트로 묶어 《노트르담 미사》(Messe de Nostre Dame, 1365년 경)를 작곡했다. 이 작품은 음악사상 처음으로 한 명의 작곡가가 통상문 미사음악을 세트로 작곡했다는 커다란 의미를 갖는다. 뿐만 아니라 레오냉과 페로탱의 뒤를 이어 미사음악 안에서의 리듬 운용에도 새로운 면을 보여주었기 때문에 그 의미가 더 크다.

기독교 교리의 핵심적인 개념인 성부(聖父), 성자(聖子), 성령(聖靈)의 성삼위일체가 반영된 것처럼 마쇼 이전 작곡가들의 교회음악은 3박자 리듬이 기본이었다. 그러나 마쇼의 《노트르담 미사》에는 이전까지의 미사음악에서는 거의 없었던 2박자 리듬이 본격적으로 등장했다. 이는 14세기 '아르스 노바'(Ars Nova, 새로운 예술)[8] 음악의 특징 가운데 하나로, 기존의 3박자뿐 아니라 2박자 리듬을 사용하면서 당김음 효과를 만든다. 3박자와 2박자를 혼용하면서 리듬은 더욱 복잡해졌고, 거기에 각 성부마다 서로 다른 리듬패턴을 갖고 반복 연주하는 동형리듬(Isorhythm)[9]이 사용되었다. 이렇게 동형리듬을 활용한 다성부 음악은 성부 간의 밀접한 짜임새를 보이며, 음색적인 효과까지 얻으며 아르스 노바 음악의 대표적인 기법으로 자리 잡는다. 마쇼의 《노트르담 미사》에 포함된 곡들은 모두 4성부로 작곡되었는데, 동형리듬기법을 활용해 음악 구성 자체가 통일적일 뿐만 아니라, 음악적 내용이 일관성을 가질수 있게 만들었다.

마쇼의 《노트르담 미사》에서 전체 4성부가 긴 음가와 빠르고 활기찬 리듬을 교대하는 효과는 고딕 양식 성당 내부에서 스테인드글라스의 화려한 창문과 기둥이 교대되는 것과 비교된다.[10] 낮은 성부에서 멈춰 서있는 것과 같은 긴 음가는 성당을 지탱하는 기둥과 같고, 긴 음가 위에서 빠르고 활기 찬 리듬에 따라 노래부르는 성부들은 스테인드글라스를 통해 들어오는 영롱한 빛의 황홀함과 비교된다.

마쇼, 《노트르담 미사》, 〈아뉴스 데이〉(Agnus Dei)

수사신부이자 작곡가였던 마쇼가 활동했던 시기에는 아비뇽 교황청 시대(1305-14세기 말)와 면죄부 판매라는 사건으로 인해 14세기 가톨릭교회 권력이 하락했다. 《노트르담 미사》라는 음악사적으로 중요한 교회음악을 작곡했던 마쇼가 교회음악보다 세속노래를 더 많이 작곡(120여 곡)했다는 것은 당시 가톨릭교회의 권력 하락을 간접적으로 보여준다. 마쇼는 철학적, 역사적 주제의 시(발라드/Ballade)나 자연에 대한 묘사를 담은 시(비를레/Virelai)뿐 아니라, 사랑을 주제로 한 롱도(Rondeau)라는 시로 세속노래를 작곡했다.

이런 시대를 살아가며 작곡한 마쇼의 작품들은 구시대적인 틀을 벗어난 새로운 시도를 암시한다. 그가 시도했던 통상문을 하나로 연결하여 예배 의식뿐 아니라, 예배에 사용될 목적을 벗어나 연주될 수 있게 교회음악을 작곡한 것이나 '시'라는 문학작품을 가사로 한 노래 작곡은 이제 서서히 다음 시대인 '르네상스'의 모습을 보인 것이다.

3) 이탈리아에서 만난 르네상스 예술

그림 1의 여행에서 일곱 번째 날부터 방문하는 피렌체와 로마에서는

파리에서 본 장엄하고 화려한 중세 고딕 양식과 뚜렷이 구별되는 '르네상스'(Renaissance)[11] 건축물을 보게 될 것이다. 중세시대 뒤를 잇는 르네상스시대는 마쇼가 활동했던 시기 가톨릭교회의 위상 변화와 함께 등장한 15-16세기 인문주의적 사고와 함께 시작되었다. 인문주의적 사고는 유럽 문화, 문학 그리고 예술에 커다란 변화를 가져왔다. 문화적으로 어두웠던 이전 천 년간의 시대를 완전히 탈바꿈시키려는 노력들이 학자들과 예술가들 사이에 들불처럼 번져 나갔다. 이전 중세시대에 너무 많은 것을 잃었다고 생각한 그들은 그리스 로마의 학문, 이상 그리고 가치에서 의미를 찾으려 했다. 그것을 다시 복원하고자 했던 당시 학자들의 의도나 시대적 변화가 주목받으며, 19세기에 들어 그때를 '재탄생'이라는 의미의 르네상스라는 용어로 지칭하게 되었다.

르네상스 건축 양식은 피렌체와 로마의 건축물에서 직접 확인할 수 있다. 이탈리아를 찾는 거의 모든 여행자들은 피렌체에서 산타 마리아 델 피오레 대성당(Basilica di Santa Maria del Fiore, 1296-1436)과 로마에서 성 베드로 대성당(Basilica di San Pietro in Vaticano, 1506-1626)을 찾아 간다. 사실 이 두 성당은 착공부터 완공까지 100년 이상의 시간이 걸렸다. 오랜 건축 기간 때문에 이 두 성당의 건축양식을 '르네상스 양식'으로만 규정할 수는 없다. 그러나 적어도 이 두 성당 중앙 돔(Dome)은 고대 로마 양식으로의 회귀를 담은 르네상스 건축 양식의 특징 중 하나이다. 또한 대칭과 조화의 비례를 추구하여 르네상스 건물은 좌우 대칭으로 지어지기 시작했다. 로마네스크 양식에 비해 얇고 세련된 아치형 창문, 그리스의 도리아, 이오니아, 코린트식 기둥 등이 종종 모방되었다.

피렌체의 델 피오레 대성당은 15세기 초 필리포 브루넬레스키(Filippo Brunelleschi, 1377-1446)의 주도로 건축되었다. 특히 이 성당의 돔은 이전에는 볼 수 없었던 새로운 양식으로 건축되었기에 이후 이 양식을 '브루넬레스키 양식'이라고도 불릴 정도로 혁신적인 것이다. 피렌체 대성당의 돔과 그것을 모델로 한 로마의 성 베드로 대성당 돔은 로마 판테온(Pantheon)의 거대한 돔을 연상시키기에 충분하다. 기원전 31년부터 27년까지 건축된 로마 신전인 판테온의 돔을 피렌체와 로마의 두 성당에서 새로운 모습으로 볼 수 있는 것은 르네상스 건축 양식 또한 그리스 로마의 학문, 이상 그리고 가치에 대한 '재탄생'을 담고 있음을 의미한다.

종교적인 주제에 한정되었던 중세 미술에서 벗어난 르네상스 미술은 건축에서와 마찬가지로 그리스와 로마의 이상을 본격적으로 추구하기 시작했다. 인간 육체의 아름다움을 표현했던 그리스 로마시대 조각을 다시 해석했다. 로마의 성 베드로 성당에 들어가서 오른쪽을 보면 경이롭고 놀라운 조각품을 만날 수 있다. 미켈란젤로의 걸작 《피에타》(La Madonna della Pietà, 1498-1499)[12]가 그것이다(그림 3).

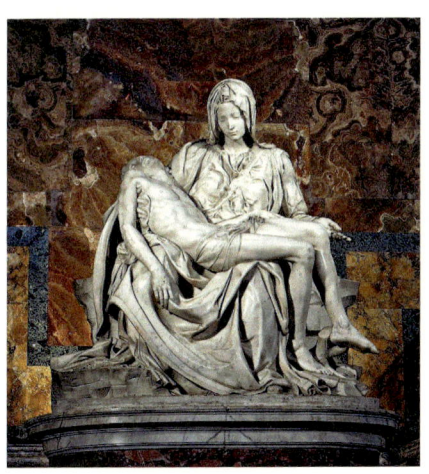

[그림 3] 미켈란젤로, 《피에타》

이 작품을 처음 볼 때의 놀라움은 가까이 다가설수록 그 아름다움과 예술적인 분위기에 압도되어 더 증가한다. 르네상스시대 이전에도 예수의 죽음을 예술적으로 표현한 피에타가 종종 있었다. 하지만 미켈란젤로의《피에타》는 이전 시대 피에타와 비교할 때, 고전적인 아름다움을 강조한 르네상스시대의 이상과 자연주의의 균형을 보여 준다. 중세시대 작품들은 예수의 '죽음' 그 자체만을 표현했으나(그림 4), 1304-06년 완성된 조토(Giotto di Bondone, 1267-1337)의《그리스도를 애도함》에서처럼 예수의 죽음에 대한 '애도'가 예술 표현의 주제가 되었다(그림 5).

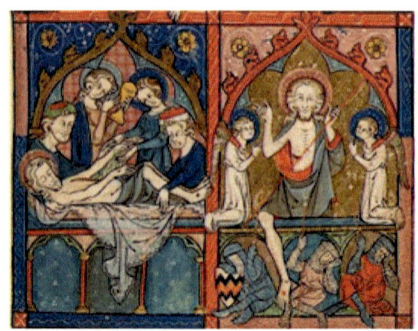 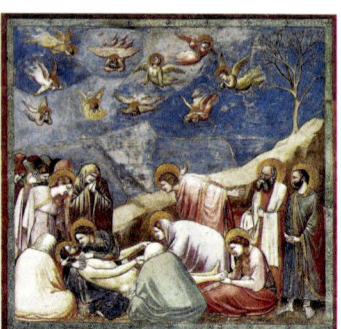

[그림 4] 작자 미상, 예수의 고난을 담은 그림들 　　　　**[그림 5]** 조토, 《그리스도를 애도함》

조토의 작품보다 거의 200여 년의 시간이 흐른 뒤, 즉 르네상스시대에 완성된 미켈란젤로의《피에타》도 예수의 죽음을 주제로 하고 있다. 그러나 미켈란젤로《피에타》에는 예수의 죽음 그리고 종교적 애도보다 더 전면에 드러난 새로운 주제로 아들을 잃고 슬픔에 빠진 엄마 마리아가 있다(그림 3). 조토의 그림에서처럼 성스러운 종교적 이미지를 완성하는 후광을 뒤로 한 마리아가 아니라, 아들의 죽음으로 깊은 슬픔에 빠진 엄마 마리아가 미켈란젤로의 작품 속에 있다. 죽은 아들을 바라보는 엄마 마리아의 주관적인 심정을 표현한 이 작품을 통해 인간의 가치와 관심사 및 감정에 초점을 맞춘 르네상스 예술가들의 철학을 엿볼 수 있다.

조토와 미켈란젤로가 시각예술로 표현한 십자가에서 내려진 예수 그리스도의 시신을 떠안고 비통에 잠긴 성모 마리아의 모습은 음악에서도 큰 관심을 얻었던 주제였다. 음악에서는 예수 그리스도가 십자가에 못 박히는 동안 고통스럽게 그 모습을 바라볼 수밖에 없었던 성모 마리아의 모습을 표현했다. 그 내용이 담긴 《슬픔에 찬 성모》(Stabat mater)라는 제목의 시를 교황 인노첸시오 3세(1198-1216 재위)가 13세기에 쓰고, 이후 프란체스코 수사인 야코포네 다 토디(Iacopone da Todi, 1230/1236?-1306)가 추가한 것으로 알려진다. 이 시는 전체 20개의 연으로 이루어졌고, 시의 제5연은 '사람이라면 누가 울지 않겠는가?'(Quis est homo qui non fleret)라는 내용으로 시작한다. 바로 이 구절은 미켈란젤로 작품에서 보여주는 성모가 아닌 아들을 잃은 인간 엄마 마리아의 비애와 맞닿는다.

15세기 초 학문이나 예술 모든 분야에서 일어난 인본주의 이상과 그리스 로마 사상에 대한 관심과 부활은 음악에서도 예외는 아니었다. 이미 중세 후반까지 사용되었던 전례음악이나 세속음악 등 거의 모든 음악은 복잡하기 그지없을 정도였다. 여러 개의 성부가 독자적으로 움직이는 복잡한 음악은 사람들이 감상하고 이해하여 종교적 신앙심을 고취하기에 효율적이지 않았다. 시대가 바뀌고 사람이 '사람을 생각하는' 르네상스시대가 되면서 음악도 빠르게 변하기 시작했다. 다성부의 복잡한 음악에서 듣는 사람을 염두에 두는 노래들이 만들어지기 시작했다. 그리고 중세시대에는 교회에서 거의 금기시되었던 기악음악도 새로운 시대에 들어 본격적으로 날개를 펴기 시작했다.

고대 로마 양식을 모델로 한 건축 그리고 미술처럼 르네상스시대 음악은 그러나 고대 음악을 직접적인 모델로 삼지는 않았다. 건축에서와 같이 고대 로마 건축 양식을 모델로 한 것과 같은 재수용을 음악에서 찾자면 아마도 고대의 단선율 음악으로의 회귀여야 할 것이다. 그러나 단선율 음악이 발전을 거듭하여 이룬 다성음악을 르네상스시대 작곡가들이 포기할 수는 없었다. 그러므로 르네상스시대에는 고대 음악 자체보다는 고대 음악의 장점과 그 안에 담겼던 철학적 사상을 수용하였다. 그 결과 만들어진 다성음악은 감상자들이 인지할 수 있는 음악적 구조와 형태 그리고 가사가 담고 있는 의미를 음악적으로 그려내었다. 그리고 음악 안에 르네상스시대 예술의 특징인 '감정'을 전달하는 모습을 담았다. 감정을 전달한다는 것은 가사가 갖고 있는 의미를 중요하게 여기는 것이다. 르네상스시대 성악음악에서 가사의 의미를 고려했다는 것은 듣는 사람들을 배려하고 그들의 감상을 생각했다고 이해할 수 있다. 다시 말해 르네상스시대 성악음악은 그것이 종교적인 가사를 가졌을지라도 예배를 위한 음악으로서 뿐 아니라 감상을 목적으로 했다는 것이다.

르네상스시대에 가사를 정교하게 표현하면서 음악과 감정을 연결시키려는 작곡가들이 등장했다. 죠스켕(Josquin des Prez, 1450년 경-1521)와 팔레스트리나(Giovanni Pierluigi da Palestrina, 1525/1526-1594)가 그 대표적인 사람들이다. 이 두 작곡가는 인노첸시오 3세와 토디의 시 첫 번째 연 1행의 가사 '슬픈 어머니가 서 있었다'(Stabat Mater dolorosa)에서 파생된 《슬픔에 찬 성모》(Stabat Mater)라는 제목의 작품을 작곡했다.

죠스켕의 《슬픔에 찬 성모》에서 가사의 음악적 표현을 보면 음악과 감정을 연결하려는 모습을 볼 수 있다.[13] 20개 연으로 된 이 시의 1연 3행의 가사 'Dum pendebat filius'는 '그녀의 사랑하는 아들이 거기에(십자가에) 매

달려 있을 때'로 번역된다. 이 행을 죠스켕은 1연의 1행과 2행을 작곡한 것과 다르게 작곡했다. 앞 1-2행을 각 성부가 주고받으며 노래하게 (대위적으로) 작곡한 것과 달리, 이 3행 '그녀의 사랑하는 아들이 거기에 (십자가에) 매달려 있을 때'를 모든 성부가 함께 한 음절씩 노래하게(호모포니적으로) 작곡하였다. 1-2행과 3행의 대조적인 작곡 방법은 3행의 사랑하는 아들이 십자가에 달려있다는 그 슬픈 현실을 강조한다. 가사를 강조하는 이러한 작곡은 마리아가 고통을 표출하지 않고 성스럽게 예수를 내려다보는 조토의 그림보다는 미켈란젤로의 《피에타》에 더 가깝다. 엄마 마리아의 슬픔에 대한 강한 표현은 4연을 노래하는 부분에서도 볼 수 있다. 4연의 1-2행 'Quae maerebat et dolebat, Et tremebat, cum videbat'는 '분노와 비참함, 고통과 고뇌, 모든 고통이 그녀를 둘러싸고 있었고'로 번역된다. 이 두 개 행 역시 죠스켕은 호모포니적으로 작곡하여 아들이 고통스럽게 죽어가는 모습을 바라볼 수밖에 없는 엄마의 고통이 담긴 가사를 분명하게 전달하며 강조하고 있다.

죠스켕, 《슬픔에 찬 성모》

슬픔에 찬 성모를 주제로 작곡한 작곡가로는 죠스켕과 팔레스트리나뿐 아니라, 유럽 문화에서 기독교가 점차 배후로 물러나게 되는 바로크 후기부터 20세기 후반까지 수없이 많다.[14]

4) 이성적 다비드에서 극적인 다비드로

인간 그리고 그 인간의 감정에 초점을 맞춘 르네상스 철학사상은 더욱 발전하였다. 그림 1에서 보여준 여행일정에 따른다면, 8일차 로마 관광 일정

중 보르게세(Borghese) 미술관에서는 베르니니15의 《다비드》(David, 1623-1624)를 볼 수 있다. 그리고 같은 제목의 조각상을 피렌체 아카데미아 미술관에서도 관람할 수 있는데, 그것이 바로 미켈란젤로의 《다비드》(David, 1501-04)다. 120여년 정도의 시간 공백을 갖는 미켈란젤로와 베르니니의 '다비드'에서는 그 어떤 차이를 느낄 수 있다(그림 6과 7). 이 두 예술가의 작품은 동일한 소재로 창작되었는데, 왜 눈에 띄는 표현의 차이가 있을까?

그 해답을 찾기 위해서는 이 두 작가가 작품제목으로 정했던 다비드에 담긴 이야기를 이해하는 것이 우선이다. 성경에 담겨 있는 가장 유명한 이야기 중 하나가 다윗(다비드)과 골리앗의 싸움일 것이다. 다윗이 하프와 유사한 키노르(Kinnor)라는 악기를 연주하는 악사로 이스라엘 왕실에 들어간 후, 이스라엘과 블레셋 간의 전쟁이 일어났다. 이 전쟁에서 다윗이 블레셋의 거인

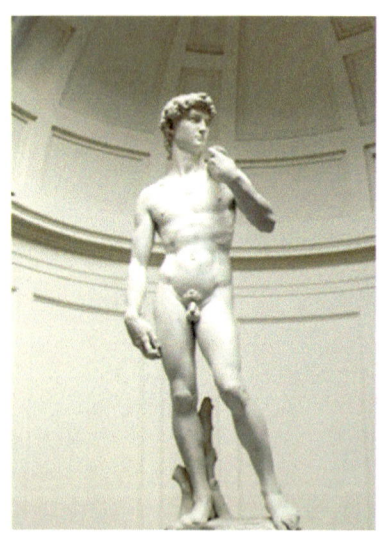

[그림 6] 미켈란젤로, 《다비드》

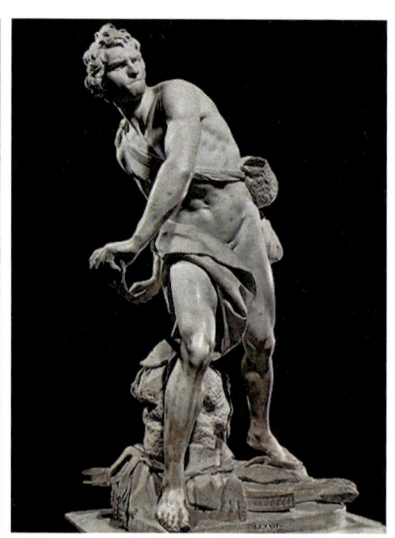

[그림 7] 베르니니, 《다비드》

장수 골리앗을 돌팔매로 죽이고 영웅이 되는 이야기가 구약 성서에 담겨져 있다. 이 드라마틱하고 획기적인 사건의 주인공이 젊고 힘센, 더군다나 음악과 시를 잘 다루는 사람이었다니. 그래서 성경 외에도 옛날부터 다윗에 관한 이야기나 그를 주제로 한 예술작품들은 끊임없이 사람들의 관심을 끌고 있다.

미켈란젤로의 《다비드》는 손 안에 골리앗에게 던질 돌을 쥔 채 결연한 표정으로 한 발을 앞으로 내딛고 서있다. 가장 눈에 띄는 것은 다비드의 표정이다. 어딘가를 응시하는, 그러면서 단호하고 침착한 표정은 미켈란젤로가 '지성'으로 힘에 맞서는 것을 표현하고 있음을 보여준다. 이는 인간성 존중과 창조성을 중시하는 인문학 관점에서 비롯된 르네상스시대 개념을 반영한 것으로 해석된다. 반면에 미켈란젤로 작품보다 120여년 늦은 바로크시대 작가 베르니니의 《다비드》는 전쟁터라는 특정한 무대장면과 온 힘을 다해 돌팔매질을 하려는 행동의 극적 순간을 담고 있다.[16] 베르니니의 작품에서 앙다문 입, 불끈불끈 튀어나온 근육, 팔을 뒤로 제친 모습은 곧 골리앗을 향해 돌을 던질 것 같다. 베르니니는 성경의 연출된 스토리를 바탕으로 다비드를 극적으로 표현한 것이다.

미켈란젤로나 베르니니 둘 다 다비드의 극적인 순간을 포착하여 해석했지만, 미켈란젤로에 비해 베르니니는 한 인간의 순간 표정이나 감정 외에도 돌을 던지려는 그 순간의 주변 분위기까지 느끼게 만들었다. 베르니니가 해석하는 이와 같은 면모는 르네상스 이후 극적 긴장감을 가진 그리스 로마 신화를 주제로 한 음악 장르와 자연스럽게 연결된다. 그러한 음악이 바로 제2장 신화와 예술에서 시대에 따른 인간 감정 표현의 정도 차이를 경험할 수 있게 해준 오페라이다.

5) 음악과 미술로 보는 성경이야기

바로크시대 오페라는 그리스 로마 신화에 담긴 인간의 극적 감정을 표현하면서 일반 대중들과 금방 가까워졌다. 신과 인간의 모든 면을 음악과 극으로 무대 위에서 보여 주면서 큰 인기를 끌었던 바로크시대는 종교적인 분위기나 통제로부터 어느 정도 자유로워진 시기였다. 그래서 기독교적인 요소가 없는 고대 신화를 주제로 이야기를 구성하기에 편안하게 여겼을지도 모른다. 인간이나 신에 대한 감정적인 이야기로 당시 사람들이 오페라를 즐겼다면, 성경이나 기독교 교리를 주제로 한 무대예술은 '오라토리오'(Oratorio)[17]라는 장르로 등장했다. 오페라가 흥행에 성공을 거두고 있던 시기에 성경, 특히 구약성경을 토대로 한 오라토리오는 자연스럽게 오페라적인 요소를 품게 되었다. 하지만 오페라에서 연극적인 요소가 큰 역할을 했다면, 오라토리오에서는 배우들의 연기나 무대연출 등 연극적인 요소를 배제하고 음악적인 요소를 중심으로 작품이 구성되었다.

J. S. 바흐(Johann Sebastian Bach, 1685-1750)와 함께 바로크시대를 대표하는 작곡가는 독일 출신으로 영국에서 활동했던 헨델이다. 오페라를 전혀 작곡하지 않았던 바흐와는 달리 헨델은 수많은 오페라를 작곡하면서 이미 생전에 유명세를 떨쳤다. 영국으로 이주한 뒤에도 오페라 작곡가로 명성을 날리던 중 당시 영국 사람들이 재미있어했던 '거지오페라'(The Beggar's Opera)[18]라는 이상한 오페라 때문에 헨델의 오페라 작곡가로서의 명성은 급락하고 말았다. 당시 오페라는 카스트라토(castrato)[19]와 같이 인기있는 성악가 등장에 성공 여부가 좌우되었기에 항상 비용이 문제였다. 하지만 오라토리오는 유명 성악가보다 극의 내용이 더 의미있게 다루어졌을 뿐만 아니라, 무대 연출도 없었기에 제작비용이 훨씬 적게 들었다. 이런 경제적인 이유로 헨델은 오라토리오 창작에 집중하게 되었다. 또한 헨델은 오라토리오를 감상하는 청

작곡/초연	작품 제목	성경
1719/1732	에스더 (Esther, HWV 50)	에스더
1733/1733	드보라 (Deborah, HWV 51)	사사기 (판관기)
1733/1733	아탈야 (Athalia, HWV 52)	열왕기 , 역대기
1738/1739	사울 (Saul, HWV 53)	사무엘 상 , 하
1738/1739	이집트의 이스라엘인 (Israel in Egypt, HWV 54)	시편 , 창세기 , 출애굽기
1741/1742	메시아 (The Messiah, HWV 56)	고린도전서 , 로마서 , 말라기 , 마태복음 , 누가복음 , 시편 , 스가랴서 , 이사야서 , 예레미아 애가 , 학개서 , 히브리서
1741/1743	삼손 (Samson, HWV 57)	판관기 13-16 장
1743/1744	요셉과 그의 형제들 (Joseph and his Brethren, HWV 59)	창세기
1744/1745	벨사차르 (Belshazzar, HWV 61)	이사야서 , 예레미야서
1745/1747	유다스 마카베우스 (Judas Maccabaeus, HWV 63)	마카베오서 , 유대고사서
1747/1748	여호수아 (Joshua, HWV 64)	여호수아기
1748/1749	알렉산더 발루스 (Alexander Balus, HWV 65)	마카베오서
1748/1749	수산나 (Susanna, HWV 66)	다니엘서 중 단편 에피소드
1748/1749	솔로몬 (Solomon, HWV 67)	사무엘 하 , 역대기 , 열왕기
1751/1752	입타 (Jephtha, HWV 70)	사사기 (판관기)

[표 1] 성경을 대본으로 한 헨델의 오라토리오

중들이 영국인인 것을 생각해 영어 가사로 노래하게 만들었다. 오라토리오 창작에서 보인 이러한 파격적인 시도는 금방 영국 중산층의 마음을 빼앗으며 많은 청중을 확보하는데도 성공했던 것이다. 또한 오페라 공연 시즌(겨울

에 시작하여 초여름까지)이 아닌 사순절 시기에도 오라토리오를 공연할 수 있다는 장점을 헨델은 적극 활용했다. 표 1에서 볼 수 있듯이 헨델은 주로 구약성경과 일부 신약성경의 내용을 오라토리오 작품으로 만들었다. 청중들은 마치 성경을 읽는 것처럼 오라토리오를 감상하게 되었다.

'성경을 읽듯이 듣게 되는' 헨델의 오라토리오와 같이 성경의 내용을 구체적으로 그린 17세기 화가들이 있다. 푸생[20]과 같은 화가들의 회화에 담긴 성서 이야기는 르네상스시대 아카데미 설립과 함께 시와 회화를 동등한 가치로 만든 '학식이 높은 화가'로의 모습을 보여준다.[21] 성경의 내용을 소재로 한 헨델의 오라토리오와 회화를 묶어서 보면, 우리는 눈으로 그리고 귀로 성서를 읽고 들을 수 있을 것이다.

구약성경에는 이스라엘의 위대한 왕들에 대한 이야기들이 있다. 그 가운데 미켈란젤로와 베르니니 조각으로 이미 언급했던 다윗뿐 아니라 솔로몬은 기독교신도가 아닌 일반인들에게도 잘 알려진 인물이다. 아버지인 다윗왕의 뒤를 이어 이스라엘 제3대 왕을 지낸 솔로몬은 지혜로운 인물의 대명사처럼 역사 속에 그려지고 있다. 헨델은 세 개의 에피소드를 각각의 막으로 구성한 오라토리오 《솔로몬》을 작곡하였다. 이 작품의 1막에서는 솔로몬이 성전을 건축하고 파라오의 딸과 사랑하는 에피소드를, 2막에서는 두 명의 창녀들이 각각 출산한 아기들을 놓고 솔로몬이 진정한 어머니를 구별한 에피소드를 그리고 3막에서는 솔로몬을 방문한 시바의 여왕 이야기를 소재로 한다. 각 막의 소재가 된 에피소드들은 앞서 말한 것처럼 성경을 모르는 사람들이라도 기독교 역사 속의 재미있는 이야기로 이미 잘 알려진 것들이다. 세 개 중 가장 잘 알려진 솔로몬 왕의 에피소드는 2막에서 다루고 있는 '솔로몬의 판결'일 것이다.

구약성경 중 열왕기 상에는 두 명의 창녀가 한 아기를 놓고 자기의 아기라고 다투는 내용과 솔로몬의 현명한 판결을 기록하고 있다(표 2, 참조). 솔로몬의 판결을 기록한 성경의 구절, 그 이야기를 담은 회화 작품 그리고 헨델의 음악 구성을 비교하면서 성경을 읽듯이 보고 들을 수 있음을 경험해보자.

헨델의 《솔로몬》 대본은 영국의 모렐(Thomas Morell, 1703-1784)의 작품이다. 헨델이 작곡했던 대부분의 오라토리오 대본을 담당했던 모렐은 구약성

3:16	그 때에 창기 두 여자가 왕에게 와서 그 앞에 서며
3:17	한 여자는 말하되 내 주여 나와 이 여자가 한집에서 사는데 내가 그와 함께 집에 있으며 해산하였더니
3:18	내가 해산한 지 사흘 만에 이 여자도 해산하고 우리가 함께 있었고 우리 둘 외에는 집에 다른 사람이 없었나이다
3:19	그런데 밤에 저 여자가 그의 아들 위에 누우므로 그의 아들이 죽으니
3:20	그가 밤중에 일어나서 내가 잠든 사이에 내 아들을 내 곁에서 가져다가 자기의 품에 누이고 자기의 죽은 아들을 내 품에 뉘었나이다
3:21	아침에 내가 내 아들을 젖 먹이려고 일어나 본즉 죽었기로 내가 아침에 자세히 보니 내가 낳은 아들이 아니더이다 하매
3:22	다른 여자는 이르되 아니라 산 것은 내 아들이요 죽은 것은 네 아들이라 하고 이 여자는 이르되 아니라 죽은 것이 네 아들이요 산 것이 내 아들이라 하며 왕 앞에서 그와 같이 쟁론하는지라
3:23	왕이 이르되 이 여자는 말하기를 산 것은 내 아들이요 죽은 것은 네 아들이라 하고 저 여자는 말하기를 아니라 죽은 것이 네 아들이요 산 것이 내 아들이라 하는도다 하고
3:24	또 이르되 칼을 내게로 가져오라 하니 칼을 왕 앞으로 가져온지라
3:25	왕이 이르되 산 아이를 둘로 나누어 반은 이 여자에게 주고 반은 저 여자에게 주라
3:26	그 산 아들의 어머니 되는 여자가 그 아들을 위하여 마음이 불 붙는 것 같아서 왕께 아뢰어 청하건대 내 주여 산 아이를 그에게 주시고 아무쪼록 죽이지 마옵소서 하되 다른 여자는 말하기를 내 것도 되게 말고 네 것도 되게 말고 나누게 하라 하는지라
3:27	왕이 대답하여 이르되 산 아이를 저 여자에게 주고 결코 죽이지 말라 저가 그의 어머니이니라 하매
3:28	온 이스라엘이 왕이 심리하여 판결함을 듣고 왕을 두려워하였으니 이는 하나님의 지혜가 그의 속에 있어 판결함을 봄이더라

[표 2] 열왕기 상 3장 16절-28절

경의 열왕기 상 3장 16-28절까지를 바탕으로 하여 《솔로몬》의 2막 가사를 완성했다.

헨델보다 앞선 시기에 활동했던 푸생도 솔로몬의 판결을 주제로 회화 작품을 남겼다. 푸생의 《솔로몬의 판결》(1649)은 열왕기 상 3장 24절부터 27절까지의 내용을 화폭에 담고 있다(표 2와 그림 10). 헨델이 음악으로 들려준 이야기의 후반을 푸생이 그림으로 보여주고 있는 것이다. 그 장면의 이야기는 이미 오래 전부터 많은 사람들로 하여금 큰 관심을 끌고 있었기에, 르네상스시대부터 라파엘로(Raffaello Sanzio, 1483-1520), 루벤스 등과 같은 많은 화가들이 그림으로 남기기도 했다. 그렇게 남겨진 그림들의 공통점은 살아있는 아이를 거꾸로 들고 솔로몬의 판결에 따라 둘로 나누려는 무서운 장면이다(그림 8, 9 그리고 10). 이 그림들의 차이점은 죽은 아이의 위치이다. 라파엘로(그림 8)와 루벤스(그림 9) 그림에서 죽은 아이가 찬 바닥에 뉘여 있다면, 푸생의 그림(그림 10)에서는 오른쪽 여자의 왼팔에 축 늘어진 채 들려있다. 추측컨대 아이를 왼팔에 끼고 있는 여인은 열왕기 상 3장 26절 후반에서 '내 것도 되게 말고 네 것도 되게 말고 나누게 하라'고 말하는 다른 여자, 즉 죽은 아

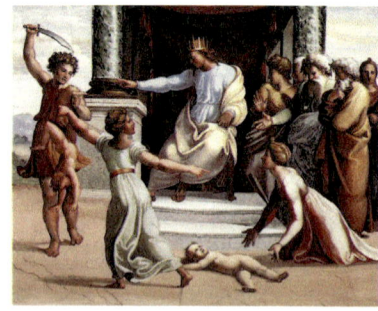

[그림 8] 라파엘로, 《솔로몬의 재판》(1518-19)

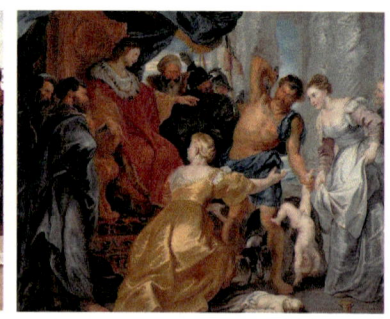

[그림 9] 루벤스, 《솔로몬의 재판》(1617)

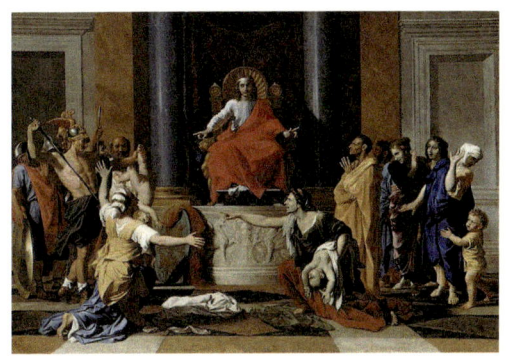

[**그림 10**] 푸생,《솔로몬의 판결》

이의 엄마일 것이다. 살아 있는 아이를 반으로 나누어 달라는 죽은 아이 엄마의 사악함을 푸생은 물건을 들듯이 죽은 아이를 옆에 끼고 손가락질을 하며 악다구니를 하는 형상으로 보여주고 있다. 그림 8, 9 그리고 10 모두 열왕기상 3장 25절에서 솔로몬이 산 아이를 둘로 나누어 두 여인에게 주라는 명령을 들은 두 여인의 모습을 대조적으로 보여주고 있다. 라파엘로와 루벤스 그림에서는 살아있는 아이를 솔로몬 왕의 명령에 따라 신하가 한 손에 들고 칼을 높이 처들었기에 그를 제지하는 것 같은 몸짓을 하는 여인과 바라보는 여인으로 대조적 표현을 볼 수 있다. 두 여인의 대조적인 표현은 푸생의 그림에서 아기를 물건처럼 옆구리에 끼고 있는 죽은 아이 엄마로 인해 더 잘 드러난다. 이 세 개의 그림들 속에서 또 하나의 차이점을 찾는다면, 솔로몬 왕에 있다. 베르니니와 같이 바로크시대에 활동했던 푸생의 그림 정중앙에 앉은 솔로몬 왕이 정면을 응시하며 양손을 펼친 모습은 중립성을 지키며 지혜로운 판결을 내린다는 성경의 내용을 다른 두 그림에서 보다 잘 드러낸다.

허영한은 푸생의 그림 속 두 여인 그리고 솔로몬 왕의 모습을 헨델의 오라토리오《솔로몬》2막 3장에서 등장하는 삼중창〈제 두려움을 말로 표현할 수 없어요.〉(Words are weak to paint my fears)와 연결하여 그림음악적으로 풀어주고 있다.

헨델, 《솔로몬》, 〈제 두려움을 말로 표현할 수 없어요〉

　　"진짜 어머니의 선율은 진지하게 곡선을 그리지만 가짜 어머니의 선율은 위아래로 마구 뛰어다니는 느낌을 주어 심지어 폭력적이라는 인상을 준다. 이 삼중창에서 가장 흥미로운 점은 솔로몬의 선율이다. 선율이라기에는 너무 평범하다. […] 헨델이 이렇게 지나치게 평범하여 노래라고도 볼 수 없는 선율을 준 것은 바로 솔로몬 왕의 중립성을 강조하기 위함이다."22

　　두 여인이 각각 노래하는 세 마디 선율을 간단하게 도형으로 만든 그림(그림 11과 12)을 통해 그 차이를 확인하면 위 인용문을 쉽게 이해할 수 있을 것이다.

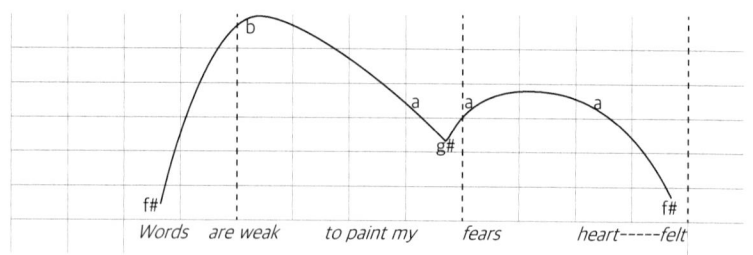

[그림 11] 헨델, 〈제 두려움을 말로 표현할 수 없어요.〉에서 진짜 엄마의 선율 윤곽

'제 두려움을 말로 표현할 수 없어요.'라는 가사를 노래하는 진짜 엄마의 선율은 시작 음(f♯)으로부터 계단 4개를 뛰어 올라가듯 올라간 음(b)에서 한 계단 한 계단 내려와 다시 시작 음으로 돌아오는 곡선을 그리고 있다. 이 곡선 선율의 부드러움은 붓점 리듬으로 더욱 강조된다. 그리고 그림 12는 가짜 엄마가 부르는 선율의 일부이다. 가짜 엄마의 선율은 좁은 음역에서 음들의 변화가 많지 않게 노래를 불러 애잔하고 부드러운 진짜 엄마의 선율(그림 11)과는 다른 모습을 보이고 있다. '저 여자의 달콤한 말은 모두 거짓이에요.'(False is all her melting tale.)라는 가사를 노래하는 가짜 엄마의 선율은 그림 11로 본 진짜 엄마의 노래보다 훨씬 높은 음으로 시작되고, 그 선율이 움직이는 음역도 한 옥타브에 달한다. 그림 12에서 음이 자주 바뀌는 것을 악보로 본다면, 8분음표로 일정하게 계단을 건너뛰듯 3도씩 도약 진행한다. 마치

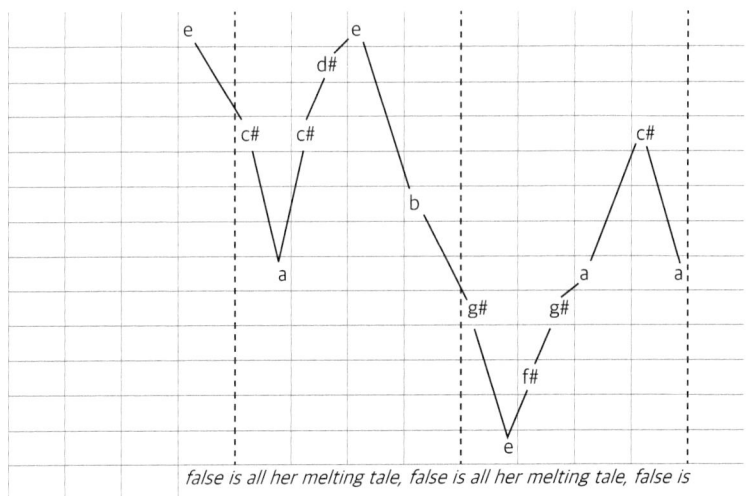

false is all her melting tale, false is all her melting tale, false is

[그림 12] 헨델, 〈제 두려움을 말로 표현할 수 없어요.〉에서 가짜 엄마의 선율 윤곽

큰 보폭으로 뚜벅뚜벅 걸어가는 것 같은 가짜 엄마 선율의 리듬은 허영한이 말하는 폭력 그리고 푸생의 그림에 담긴 사악함을 담고 있다.

애절함을 담은 진짜 엄마의 선율이나 폭력성을 담은 가짜 엄마의 선율과는 다르게 솔로몬의 선율은 푸생이 양팔을 벌려 공평하고 정의로운 모습으로 솔로몬을 그려낸 것과 흡사한 모습을 보이고 있다. 두 엄마의 선율보다 길게 5마디 정도의 선율을 도형으로 한 그림 13은 솔로몬이 두 여인들의 이야기를 듣고 난 다음 결정을 내리기 전의 의지를 담고 있다. '정의가 들려진 저울에 있도다'(Justice holds the lifted scale.)라는 가사를 노래하는 솔로몬의 선율은 e음부터 한 계단 한 계단 올라가 b에 도달하여 길게 울리고 난후 다시 한 계단 한 계단 내려와 e로 돌아오고 있다. 이 선율의 모습에는 솔로몬이 편견을 버리고 공평하고 정의롭게 재판하겠다는 의미의 수평저울과 같은 형태를 연상시키고 있다.

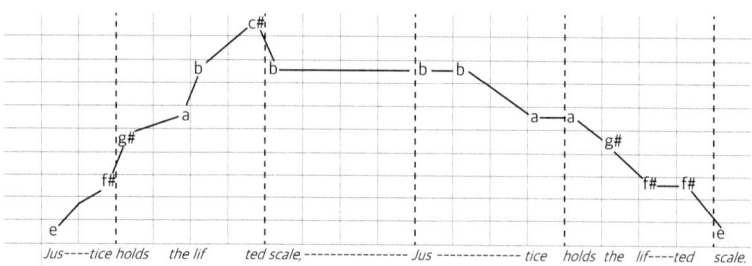

[그림 13] 헨델, 〈제 두려움을 말로 표현할 수 없어요〉에서
솔로몬의 중립성을 보여주는 선율 윤곽

종교와 예술은 17세기 이후에도 언제나처럼 때려야 뗄 수 없는 관계를 유지하고 있다. 우리는 그 하나의 또 다른 예로 숫자 '3'이 갖는 기독교적

의미를 통해 음악을 들여다 볼 수도 있다. 앞에서 설명했던 그레고리안 성가집에 담긴 단성성가들과 그 성가 선율들을 빌어 작곡한 전례음악들에서 '3'이라는 숫자가 특별한 의미를 가지고 악곡을 구성하는 예를 볼 수 있다. 14세기 아르스 노바를 대표하는 작곡가 마쇼가 통상문으로 작곡한 《노트르담 미사》에 포함된 〈키리에〉는 '주님, 자비를 베푸소서.'(Kyrie eleison)를 세 번 반복하고, '그리스도님, 자비를 베푸소서.'(Christe eleison)를 세 번 반복하여 노래한다. 이후 다시 '주님, 자비를 베푸소서.'를 세 번 반복한다. 하나님께 죄를 고백하고 자비를 세 번 간청하는 것 같은 세 번 반복은 기독교 예배에서는 흔하다. 통상문 중 〈상투스〉의 가사(Sanctus, Sanctus, Sanctus Dominus Deus Sabaoth.)도 '거룩하시도다, 거룩하시도다, 거룩하시도다'하고 세 번 반복하여 '하느님이 가장 거룩하신 분'임을 고백한다.

시대와 장르를 바꿔 이러한 숫자 '3'이 갖는 기독교적 의미를 베토벤의 기악음악에서도 찾아 볼 수 있다. 베토벤의 피아노소나타에서는 악구나 모티브가 세 번 반복하는 경우를 자주 찾을 수 있다. 예를 들어 《피아노소나타 제17번》(Op. 31, no. 2, Tempest)의 제1악장은 동일한 음악적 제스처를 두 번은 동일하게 그리고 마지막 한번은 높은 음으로 올라가서 세 번 반복한다.

베토벤, 《피아노소나타 제17번》, 제1악장

그렇게 악구나 모티브가 세 번 반복된 후 다른 음악적 내용으로 진행하는 구조를 기독교에서의 '3'의 의미와 연계하는 것이 무리는 아닐 것이다. 하지만 베토벤의 음악을 감상하면서 악구가 세 번 반복된다고 해서 그것이 기독교적인 의미를 갖는다고 생각하지는 않는다. 단지 작품을 분석하며 그

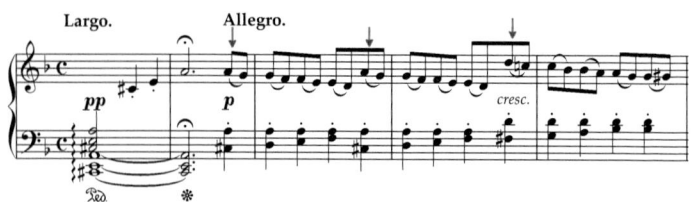

[악보 1] 베토벤, 《피아노소나타 제17번》, 제1악장 시작부분

런 반복이 유럽의 기독교적인 전통과 의식을 바탕으로 3이라는 숫자와 연관
시켜 해석해 볼 수 있다는 것이다.

　이와 같이 유럽 여행지에서 기독교와 관계된 명소를 방문했을 때, 우
리는 그것들을 종교에만 국한하지 않는 예술로 감상한다. 그것이 종교적인
본연의 목적과 역할을 가지고 만들어졌든 아니든 간에 지금은 여행자로서
단순히 예술적 가치와 의미를 가진 작품으로 먼저 대하고 있는 것이다. 이처
럼 어느 날 문득 들려오는 서양음악이 기독교 예배음악으로 작곡되었다 할
지라도 우리는 하나의 예술품으로 감상한다.

미주

1. https://ko.dict.naver.com/#/entry/koko/6afe4463b38c456d9d9119628ac6c7da [2022.09.17.]
2. 정진홍, 『엘리아데 종교와 신화』, 살림, 2003, 22-23.
3. 남성 위주였던 로마네스크 양식 건축은 이 가상의 여행에서 접하기 힘들다. 봉건주의 시대 교회의 급성장과 함께 한 로마네스크 양식은 기독교 생활의 주된 특징인 성지순례와도 관계한다. 로마의 건축양식을 따라했음을 양식의 이름에서 파악할 수 있는 '로마네스크 양식' 건축의 특징은 두꺼운 외벽과 많지 않은 투박한 아치형의 창문을 꼽을 수 있다. 교회 전면 입구와 내부 기둥에는 기독교의 극적인 장면이 조각되어 있는데, 그중에서도 눈여겨 볼 것은 성당 입구 위에 조각된 최후의 심판 팀파눔이다.
4. 12세기 프랑스와 독일을 중심으로 진행된 고딕 양식의 건축 특징은 로마네스크 양식과 달리 긴 창문, 뾰족뾰족한 탑들, 거대한 건축물을 버티기 위한 버팀돌, 스테인드글라스 등이다.
5. 선율과 더불어 음악에서 중요한 요소 중의 하나가 '리듬'이다. 성악음악에서 리듬은 특히 언어와 깊은 관계를 갖는다. 하지만 레오냉과 페로탱이 활동했던 12세기 말부터 13세기 음악에서 리듬에 관한 체계적인 원칙은 없었다. 리듬을 형성하는 음의 길이가 언어적 장-단에 따르지도 않았다. 반면에 당시 음악은 언어를 고려하지 않은 채 각각의 음이 가진 상대적 길이에 따라 몇 가지의 유형을 만들어 사용했다. 이런 것을 중세 6가지 리듬선법(Rhythmic Mode)이라고 한다.
6. 랭스 대성당은 400년경에 건설되었으며, 증축과 개축이 되풀이 되었으나 카페 왕조 때인 1210년에 화재로 소실되었다. 1211년 착공되어 1275년 완공된 랭스 대성당도 파리 대성당과 마찬가지로 지름 12m 스테인드글라스의 둥근 창이 있는 팀파눔, 버팀돌, 기저부(基底部)에 배열된 2,000여개가 넘는 인상 조각 등으로 고딕 양식의 화려한 외관 구성을 보여 준다.
7. 5개의 곡들은 키리에(Kyrie eleison/자비송), 글로리아(Gloria/영광), 크레도(Credo/신앙고백), 상투스(Sanctus/거룩), 아뉴스 데이(Agnus dei/신의 어린양)의 순서로 구성된다. 절기의 특별한 의미나 내용을 담은 곡들이 상투스와 아뉴스 데이 사이에 일반적으로 추가된다. 이 5개의 곡들은 통상미사 가운데 찬양미사에서만 모두 등장한다. 장송미사의 경우는 미사의 성격이 신도들 자신의 복을 구하는 내용으로 이루어진 찬양미사와 다르기 때문에 글로리아나 상투스와 같은 곡들이 없다.
8. 아르스 노바(Ars Nova)는 '새로운 예술'이란 의미를 가진다. 14세기 예술을 의미하는 이

개념은 13세기까지의 예술이 낡고 구식이었다는 의미인 '아르스 안티쿠아'(Ars Antiqua)의 상대적 개념으로 등장했다.

9. 아르스 노바시대 음악의 특징 가운데 하나인 동형리듬(Isorhythm)이라는 개념은 그 당시에는 특별한 명칭 없이 작곡기법으로 사용되다가, 20세기 초 독일 음악학자로서 중세음악을 연구했던 프리드리히 루드비히(Friedrich Ludwig, 1872-1930)에 의해 현재의 개념으로 정립되었다.

10. D. Grout, D. Palisca, J. P. Burkholder/민은기 외 5인 역, 『그라우트 서양음악사 상』, 이앤비플러스, 2007, 157.

11. 르네상스(Renaissance)라는 용어를 처음 사용한 학자는 프랑스의 역사학자 쥴르 미셰레(Jules Michelet, 1798-1874)이다. 그의 수많은 역사서 가운데 7권으로 구성된 『프랑스 역사』(Histoire de France) 중 1855년에 발표되었던 제7권 제목이 'Renaissance'로 붙여지며, 이후 15세기 초반부터 유럽의 역사를 르네상스역사로 보기 시작한다.

12. 피렌체에 가도 미켈란젤로의 《피에타》를 만날 수 있지만, 그 작품은 미완성으로 남겨져 있다.

13. 팔레스트리나는 르네상스 건축 양식으로 꼽은 성 베드로 성당의 공식 합창단인 율리우스 카펠레(Cappella Giulia)에서 그리고 베드로 성당 오른쪽에 위치한 미켈란젤로의 천장 벽화를 볼 수 있는 시스티나 성당(Sixtine Chapel)에서 죠스켕이 봉직했다는 사실이 흥미롭다.

14. 시대별로 예를 들어 보자면, 후기 바로크에서 고전시대로 넘어 오는 과도기의 비발디(A. Vivaldi), 스카를라티(A. Scarlatti), 페르골레지(G. Pergolesi), 고전시대 하이든(J. Haydn), 19세기 슈베르트(F. Schubert), 로시니(G. Rossini), 드보르작(A. Dvořák), 20세기 뿔랑(F. Poulenc), 페어트(A. Pärt), 펜데레츠키(K. Penderecki) 등의 작곡가들이 '슬픔에 찬 성모'를 작곡했다.

15. 바로크 건축과 조각으로 명성을 얻었던 베르니니의 작품은 로마를 관광할 때 많이 접할 수 있다. 성 베드로 성당 앞의 양팔로 에워싸는 듯한 광장(piazza) 그리고 로마 나보나 광장의 '4대양 분수'(Fontana dei Quattro Fiumi, 1648-51), 바르베리니 광장의 '트리톤 분수'(Fontana di Tritone) 등이 그의 작품이다.

16. 최승규, 『서양미술사 100장면』, 한명, 2001, 279.

17. '기도실'이라는 뜻의 오라토리오는 예배의식을 위한 음악, 즉 전례음악은 아니다. 1640년경 처음으로 등장한 오라토리오는 오페라와 달리 무대 연기가 없다. 오페라와 오라토리오를 쉽게 구분하는 방법 중에 하나는 진행방식을 보는 것인데, 오페라는 '공연'하는

것이고 오라토리오는 '연주'한다는 것으로 비교할 수 있다. 오라토리오는 그 음악적 구성에 있어 합창의 비중이 많은 종교적 작품이다.

18. 18세기 전반 런던을 중심으로 유행하던 오페라는 일명 '거지오페라'로서, 전문적인 작곡가들에 의한 오페라 작품이 아닌 경우가 대부분이었다. 사람들이 좋아하는 여러 오페라의 아리아를 마치 짜깁기하듯 일관성 없이 엮어 마치 거지들의 누더기 옷을 연상시키는 것 같은 오페라를 말한다. 이것 때문에 정통 오페라 작품들이 점차 설 자리를 잃어갔고, 결국 당시 최고 오페라 작곡가인 헨델조차 오페라 창작에 의욕을 잃게 된 것으로 여겨진다. 그 후 그는 구약성경을 바탕으로 한 오라토리오를 작곡하기 시작했다.

19. 카스트라토는 여장을 한 남성 소프라노 또는 알토가수로서, 미성을 가진 소년을 변성기 전에 거세시켜 만들어낸 성악가이다. 16세기부터 19세기 초까지 성행했으며, 몬테베르디나 헨델, 모차르트 등의 오페라에서 등장했다.

20. 푸생은 르네상스에 기반을 둔 서양미술 이론 전통을 대표하는 화가로서 인간의 '고귀한 정신'을 담은 역사화를 창작했다. 그는 이지적인 판단력을 작품에서 강조했고, 이는 18세기 미술이 문화의 도덕적 기능을 한다고 여기는 계몽주의적 가치관과도 연결된다.

21. 중세적인 길드조직 탈피하여 '자유로운' 창조 활동과 예술가를 학자와 같은 지위를 획득할 수 있게 한 아카데미 교육은 1562년 피렌체에서 바자리(G. Vasari, 1511-1574) 등에 의해 설립된 아카데미를 시작으로 한다. 미켈란젤로가 원장이었던 이 아카데미 이후 로마에 <성 루카 아카데미>(1593년), 파리 <왕립 회화 및 조각 아카데미>(1648), <베를린 미술 아카데미>(1696), 런던 <왕립미술 아카데미>(1768) 등이 창립되었다. 아카데미 설립과 교육은 '예술'을 곧 '미술', 즉 조형예술로 이해하게 되는 기반이 되었다.

22. 허영한, 『헨델의 성경이야기-오라토리오와 구약성경』, 심설당, 2010, 209-210.

CHAPTER 4.

인간 중심의 예술 - 고전주의

르네상스시대부터 유럽 철학과 사고의 중심은 천천히 종교로부터 벗어나 '인간'으로 옮겨왔다. 이런 인간 중심의 사고는 정치, 사회, 문화 현상 뿐 아니라 예술 창작으로 드러난다. 르네상스시대부터 본격화된 인간 중심의 예술을 다루기에 앞서 우리는 이 모든 변화의 근간이라 할 수 있는 계몽주의와 예술을 논할 때 언급되는 (신)고전주의(新古典主義 , Néo-Classicisme)에 대해 이해할 필요가 있다. 인간을 중심에 둔 계몽주의나 고전주의를 이해한다면, 신본주의적 예술을 벗어난 르네상스시대 이후의 새로운 걸음에 대해 조금은 더 분명하게 이해할 수 있다.

1) 계몽주의

'무슨'주의에서 '주의'의 뜻을 가진 외국어 단어는 대부분 '이즘'(-ism)으로 끝난다. 그런 수많은 '이즘' 가운데 역사상 가장 큰 의미를 가진 '~주의'가 아마도 계몽주의(프: Lumières/독: Aufklärung/영: Enlightenment)[1]일 것이다. 18세기 유럽, 특히 프랑스를 중심으로 나타난 계몽주의의 프랑스어 뜻은 '빛'이지만, 독일어와 영어 표기에는 '깨우치게 하는 것'이란 의미를 담고 있다. 인간을 무지몽매함, 미신, 종교적 광신, 불합리한 관습이나 전통 같은 어두움으로부터 '눈을 뜨게 하는 것', 즉 인간이 합리적으로 생각할 수 있는 '이성'을 갖게 하는 것이 바로 계몽사상이다.

계몽주의 또는 계몽사상을 지금은 철학으로 이해하지만, 당시 유럽에서는 정치, 사회 그리고 문화 예술 전반에 새로운 변화를 낳은 대중적인 사상체계의 근본이었다. 르네상스시대 인본주의가 성장했음에도 유럽 사람들 모두가 시대적 변화에 따른 혜택을 누린 것은 아니었다. 주로 신분이 높은 귀족이나 상류층에서만 문예와 학문적 발달을 누렸을 뿐이며, 대다수의 일반 서민들은 제대로 된 교육을 받은 적이 없거나 받을 상황이 아니었다. 그래서 심지어 17세기 바로크시대에도 절반이 넘는 유럽인들은 글을 읽거나 쓸 줄도 모르는 문맹이었다. 시간이 흐르며 18세기에 점차 인본주의 확대와 인간 존엄에 대한 사고가 대두되었고, 나아가 정치적인 차원에서도 사람들이 깨우쳐져야할 필요를 느낀 것이다. 이런 이유에서 사람들을 깨우치게 하자는 계몽주의 운동이 급격히 확산될 수 있었다.

계몽주의를 이전의 모든 관습, 즉 구습(舊習)을 타파하자는 혁신적 사상운동으로만 이해하기에는 조심스러운 면도 있다. 이전의 모든 관습이 잘못되었다는 전제를 먼저 두는 것보다는, 18세기 당시 사람들이 조금씩 개화되면서 느꼈던 이전의 잘못된 점들이나 사고를 확실하게 개선하려는 의미로 해석할 필요가 있다. 그럼에도 불구하고 분명한 것은 계몽주의 운동은 혁신적 사상운동이었다. 계몽주의는 인간 삶의 조건을 개선하는 것에 국가의 역할이 중요하다고 주장하며, 이를 토대로 유럽인들은 자신들을 억누르던 절대왕정을 비난했다. 이런 정치적 결과에 영향을 준 계몽사상은 천년을 넘게 지켜왔던 교회에 대한 공격도 시작했다. 계몽사상 자체가 '중세의 종교적 세계관으로부터 벗어나 인간을 이 세계의 진정한 주인으로 세우고자 했던 의지로부터 출발'[2]했다는 점도 부각되었다. 그렇기 때문에 계몽주의 사상을 따르는 사람들은 교회가 미신과 편견의 온상일 뿐 아니라, 인간을 미성년 상태로 머물게 한다고 주장했다. 기존 세력에 대한 이러한 불만과 합리적인 개혁 사고는 결과적으로 개인의 자유와 평등할 권리 주장으로 이어졌다. 그리고 이 사상은 미국독립(1781)과 프랑스대혁명(1789)에 커다란 영향을 미쳤다.

이와 같은 움직임에 수많은 철학자들도 적극적으로 의견을 표명하기 시작했다. 그 가운데 독일 출신 철학자 칸트는 가장 명확하게 계몽에 대해 정의했다. 그는 자신의 이성을 왜곡 없이 사용함으로써, 자신이 만든 미성숙으로부터 해방'되는 것을 계몽으로 정의했다. 이러한 철학적 사고를 교육 분야에서도 변화의 디딤돌로 삼아 실질적인 움직임을 보이게 된다. 교육 분야에서 자주 언급되는 페스탈로치(Johann Heinrich Pestalozzi, 1746-1827)는 교육의 어떤 면이 필요한 지를 구체적으로 설명하였다. 그는 교육의 목적이 모든 사람들로 하여금 말하고, 쓰고, 셈하고 그림을 그리고 노래할 수 있도록 하는 것이라고 주장했다. 이것이 바로 보편적 교육의 시작인 것이다. 철학이나 교육뿐만 아니라 예술 분야에서도 새로운 사고와 접근이 등장했다. 이전 시대까지 예술은 종교적이거나 이념적인 바탕을 둔 작품들이 많았다. 하지만 시대가 변하면서 예술을 바라보고 예술에 기대하는 관점이 달라졌다. 계몽주의라는 새로운 시각에서 예술은 '인간'의 생각과 감정을 배려하여 즐거움을 느낄 수 있는 개념으로 변화되었다.

자연을 모방하는 것이 예술의 본질이라고 말하며 예술과 철학을 논한 바뙤(Charles Abbe Batteux, 1713~1780)와 같은 학자들은 시와 음악, 회화, 조각 등의 여러 예술이 근본적으로 자연을 모방한다고 말했다. 그래서 이제 예술은 예배를 보기 위한 또는 누군가를 칭송하기 위한 실용성보다는 즐거움을 목표로 변화했다. 이런 예술의 목표는 아름다움을 근본에 둔 '미적 예술'로 그 가치 변화를 이루었다. 그렇기 때문에 예술이 어떤 하나의 주어진 원칙에 의한 것이 아니라, 인간의 자율적인 세계에서 만들어지고 공유된다고 본 것이다. 그렇게 형성된 '순수' 예술은 많은 사람들이 접하고 영향을 받을 수 있는 단계가 되면서 '공공성'(公共性)을 가지게 되었다. 예술작품에 대한 공공성이 점점 더 의미를 가지면서 작품을 감상할 수 있는 미술관 그리고 음악회장이라는 공식적인 장소가 시민들에게 제공되었다. 바로 우리가 여행을 가면 꼭 가봐야 할 장소로 꼽는 미술관, 박물관 그리고 음악회장이 그 시작점에서 만들어진 공공성을 가진 장소인 것이다.

2) 고전주의-예술로 표현된 계몽사상

계몽사상을 바탕에 둔 18세기 예술과 학문은 분명히 이전과는 전혀 다른 결과물들을 쏟아 내기 시작했다. 미술과 음악은 오랫동안 자신을 옭매 왔던 종교예술이라는 기능적인 면을 벗어나 인간 본연의 생각을 품은 예술 자체로 그 의미를 갖게 된다. 다양한 창작물들이 등장하면서 나름대로의 틀과 질서를 찾기 시작했다. 이런 경향의 예술을 미술에서는 '신고전주의' 또는 '의고전주의'(擬古典主義)라고 규명하고 있다. 그리고 음악에서는 미술사 및 문학사에서 사용되고 있던 '고전주의'(classicism)라는 개념을 가져왔다.

예술사를 이야기하면서 시도 때도 없이 '고전'(classic) 또는 고전주의라는 용어를 사용하곤 한다. 우리가 쉽게 말하고, 마치 누구나 이해하고 있다고 여기지만, 고전 또는 고전주의라는 개념을 정확히 설명하는 것이 그리 쉽지 않다. 우리는 옛 가구로 장식한 카페에 들어갔을 때 느껴지는 분위기를

'클래시컬하다!'라고 말한다. 그리고 모차르트 또는 베토벤 음악을 듣고 있는 친구에게 '클래식 음악을 듣고 있어?'하며 놀람을 표현할 때도 '고전'이라는 단어를 원어로 이야기 한다. 심지어 할머니 손맛이 담긴 토속음식점에서 먹는 음식의 맛에도 '고전'이란 단어를 쓰곤 한다. 신고전주의로 설명되는 시각예술이든 고전주의로 서술되는 청각예술이든 18세기 중반 이후의 예술적 경향을 지칭할 때 공통으로 '고전'이라는 단어가 포함한다. 그렇다면 '고전'의 정확한 의미는 무엇일까?

'고전'이라는 단어의 어원은 로마 조세제도에서 가장 높은 단계의 세금을 내는 상위층을 지칭하는 클래시쿠스(classicus)에 있다. 로마시대의 상위층은 세금만 많이 냈던 것이 아니라, 사회적인 존경의 대상이기도 했다. 어려운 사람들을 이해하고 도움을 주고, 마차경기 같은 축제의 장에서 자신과 같은 줄에 앉은 모든 이들의 관람비용을 대납해 주기도 했다. 그래서 그들은 시민들로 하여금 귀족으로서의 대우와 존경심을 받을 수 있었던 것이다. 요즘 말하는 노블리스 오블리제(noblesse oblige)의 진면목을 보여준 것이리라. 존경받을 만하고 모범적인 면모의 그들을 지칭하는 클래시쿠스가 지금 우리가 말하고 있는 클래식, 즉 고전이란 개념으로 무리 없이 사용되고 있는 것이다. 그러니까 고전이란 단어는 모든 사람들의 모범이자 탁월함을 나타내면서, 세월이 흘러도 그 근본의 의미는 변하지 않고 항상 유지되는 것으로 이해할 수 있다.

그렇다면 예술사에서 '고전'이란 단어가 처음 등장한 것은 언제일까? 고전이란 단어를 예술사조에서 처음 쓴 사람은 독일 출신의 고고학자이자 문헌학자였던 빙켈만(J. Jochaim Winckelmann, 1717-1768)이었다. 계몽주의시대에 예술사를 연구한 빙켈만이 1755년 출판한 『회화와 조각에 있어서 그리스 미술품의 모방에 관한 고찰』(Gedanken über die Nachahmung der Griechischen Werke in der Malerei und Bildhauerkunst)은 고대 그리스 예술에 대해 평가한 글이다. 거기서 고전이란 개념을 찾을 수 있다. 이 책에서 빙켈만은 '고귀한 단순함과 조용한 위대함'(edle Einfalt und stille Größe)이라는 표현으로 고대 그리스 작품을 최고의 예술로 평가했다. 빙켈만이 정의한 그리스 걸작들의 탁월한 특징은 결국 자세와 표현에서의 고귀한 단순함과 고요한 위대함이다. 수면은 화가 난 것처럼 보이는 바다도 그 깊은 곳은 언제나 잔잔하듯이, 그리스시대 작품들은 위대함과 차분한 영혼을 보여 준다[3]고 쓰고 있다. 그리고 이런 평가의 대상 작품으로 제시된 것이 바로 바티칸 미술관에서 만나게 되는 《라오콘 군상》(Laocoön Group)이었다. 1506년 로마의 한 성벽 뒤에서 발굴된 《라오콘 군상》은 아폴론을 모시는 제사장 라오콘과 두 아들이 포세이돈이 보낸 두 마리 뱀에 감겨 숨이 막혀 죽어 가는 수난과 고통을 담은 기원전 2세기 작품이다. '십자가에 못 박혀 고난당하는 그리스도'[4]를 연상시키는 라오콘의

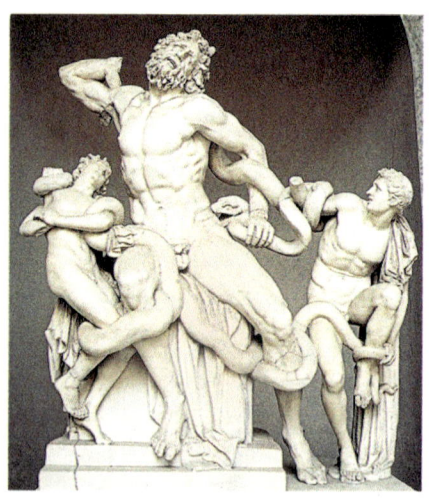

[그림 1] 《라오콘 군상》

얼굴에서는 끔직한 비명을 내지르지 않을뿐더러 어떤 분노의 표정도 찾아볼 수 없다. '모든 근육과 힘줄을 사용해서' 고통을 참고 있는 라오콘의 전체 구성에서 육체의 고통과 영혼의 위대함이 균형을 이루고 있다.

빙켈만 등장 이전까지 고대 그리스 예술을 바라보던 시각은 일관되지 못했었다. 르네상스시대에는 그리스 예술의 아름다움을 높이 평가했지만, 이어지는 바로크와 로코코시대에는 예술이 과장되고 왜곡된 표현을 가지면서 그리스 예술의 본질을 잠시 잊게 되었다. 하지만 빙켈만은 자신의 저서에서 그리스 로마 예술의 가치와 의미를 재발견하였고, 이것이 결국 신고전주의가 등장하는 단초가 되었다. 기원전 아리스토텔레스와 같은 철학자가 미술을 생활에 필요한 기술[5]로 설명했지만, 르네상스시대에는 미술아카데미들이 설립되면서 '예술'을 대변하기 시작했다. 하지만 미술이 '미(美), 즉 아름다움'을 본질로 하는 '예술'이라는 사고의 성숙은 바로 18세기 중반 이후 계몽주의 사고 그리고 자연모방론과 함께 이루어졌다. 이런 배경에서 '고전'은 모범적, 균형적, 보편적, 빼어남, 탁월함을 의미한다. 현재 우리는 시대와 장르를 막론하고 그러한 의미를 둘 수 있는 작품이나 유물 등에 고전이란 단어를 붙여 사용하고 있다.

3) 쟈크-루이 다비드 작품으로 보는 신고전주의 미술

아테네(Athene) 여신상 분수가 앞에 세워져 있는 비엔나 국회의사당, 파리의 개선문 등은 신고전주의 건축양식을 잘 보여주고 있다. 비엔나 국회의사당을 직접 보지 않더라도 아테네 여신상 뒤 건물 사진(그림 2)은 국제연합 전문기구 유네스코(UNESCO) 로고와 많이 닮았음을 쉽게 알 수 있다. 유네스코 로고가 고대 그리스 파르테논 신전을 모델로 했다는 것은 비엔나 국회의사당이 신고전주의 건축임을 간접적으로 뒷받침한다.

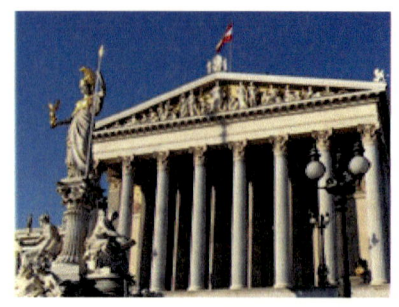

[그림 2] 비엔나 국회의사당

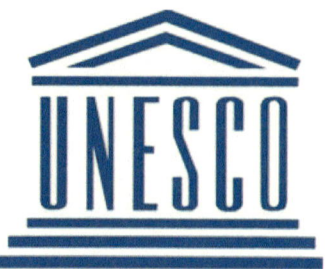

[그림 3] 유네스코 로고

신고전주의 회화를 대표하는 작가로는 프랑스 출신의 다비드(Jacques-Louis David, 1748-1825)를 꼽을 수 있다. 주로 역사적인 사실을 소재로 많이 사용한 그의 작품 중《호라티우스 형제의 맹세》(Le Serment des Horaces, 1784)[6]가 가장 잘 알려졌다(그림 4). 이 그림의 구도, 색감 그리고 묘사에 대한 아래의 글에서 신고전주의 회화의 특징을 확인할 수 있다.

"전체 구도에서는 기둥 윗벽과 안벽, 그 뒤의 벽면 등 화면의 깊은 면들이 평행하게 놓여 있고, 칼과 창의 방향과 힘이 있어 보이는 발동작에서는 선이나 형체가 직선적이면서 세로축과 가로축에 평행 교차되게 배치되어 있지요. 형체를 묘사하는 방법도 정적이고 안정된 중량감을 갖고 있으며 날카롭고 명쾌한 윤곽선이 긴장감을 암시합니다. 색채 사용은 엄격하게 억제되어 있으나 부분적으로 적색, 청색, 녹색을 써서 절제된 분위기에서도 생기를 잃지 않고 있습니다."[7]

위의 인용문을 읽지 않고 그림을 먼저 보아도 우리는 근육이 잘 표현된 남성들의 균형잡힌 모습에서《라오콘 군상》이나 미켈란젤로의《다비드》

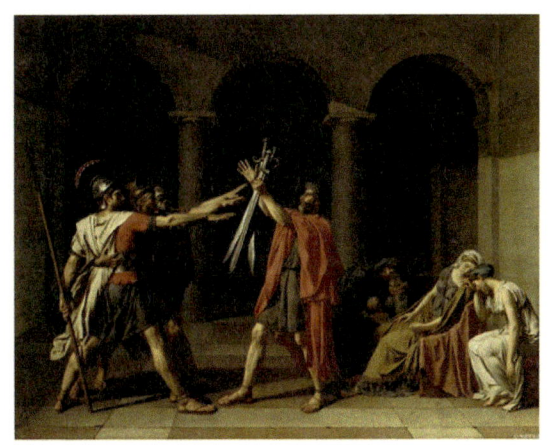

[그림 4] 다비드, 《호라티우스 형제의 맹세》

(3장, 그림 6)와 연결하며 '고전'의 의미를 느낄 수 있다.

　　다비드가 《호라티우스 형제의 맹세》를 위해 수용한 소재는 로마의 건국이야기이다. 그 이야기는 리비우스(Titus Livius Patavinus, BC. 59-AD. 17)의 『로마건국사』(Ab urbe condita)에 있다. 이 그림은 로마의 호라티우스 삼형제가 알바의 쿠리아티우스(Curiatius) 삼형제와의 결투를 앞두고 조국을 위해 목숨을 바치기로 맹세하는 장면을 긴장감 있게 묘사하고 있다. 고대 로마의 역사적 소재를 균형잡힌 구도로 그려낸 다비드는 죽음도 불사하는 의연한 모습을 안정된 형식미로 더욱 강조하였다. 또한 그가 그림에서 형태, 선묘, 드로잉에 중점을 둔 것은 이성 중심의 합리주의를 추구했던 신고전주의 회화의 특징으로 꼽힌다. 신고전주의 회화는 이전 예술사조와 비교할 때 색보다는 형태나 선을 더 중요하게 여긴다. 하지만 다비드는 명확한 선 뿐 아니라, 서로 대조되는 색을 사용해서 전쟁터로 향하려는 호라티우스 집안 구성원들의 심란한 감정을 오히려 이성적이고 절제된 감정으로 승화시켰다.[8]

신고전주의 회화의 특징을 담은 《호라티우스 형제의 맹세》에서는 당시의 계몽주의 사상을 연상할 수 있는 묘사도 볼 수 있다. 이 작품은 프랑스대혁명 이전에 완성되었다. 하지만 프랑스대혁명의 골수 지지자였던 화가 다비드가 받은 계몽주의 영향, 더 나아가 18세기 후반 프랑스 사회 변화와 혁명의 기운이 작품 속에 담겨 있다. 그림의 구도와 선으로 볼 때, 이 작품은 배후에 그려둔 여인들을 부드러운 선으로 표현하며 개인적 비극을 보여주지만, 이는 직선과 강한 색의 대비로 표현한 남성들이 조국을 위해 죽음도 불사하려는 의지를 오히려 강조하고 있다. 이런 느낌으로 해석되는 이 그림을 당시의 사회 변화와 연결해보면, "사사로운 이해관계나 정리(情理)보다 중요한 것은 공동체의 이상과 덕을 지키는 일"[9]이라는 의미가 이 그림에 담겨 있다. 이는 공동체를 구성하는 주권자가 의식해야 하는 일임을 다비드가 로마 역사화를 통해 요구했다고 해석할 수 있다.

그림을 감상한 사람들은 이런 해석에 고개를 끄덕이곤 한다. 이렇게 생각할 수 있는 것은 단순히 누군가에 의한 주관적 의견만은 아니고 나름 학문적인 근거를 가지고 있다. 계몽주의 사상가 중 대표적인 철학자 루소(Jean-Jacques Rousseau, 1712-1778)는 1762년 『사회계약론』(Du Contrat Social)을 발표했다. 이 책의 중심 개념은 '일반의지'(一般意志, Volonté Générale)인데, '개인의 이익이 아닌 공공의 이익을 위한 의지'를 설명하는 루소의 사고와 다비드의 그림 해석을 연결하면 위와 같은 설명은 좀 더 설득력을 갖는다.

세 명의 호라티우스 형제가 아버지가 내민 검을 받기 위해 근육이 불끈 솟아 오르게 곧게 뻗은 팔을 내밀고 있다. 이 모습은 그들 각자가 누구의 강요에 의해서가 아니라 자유의지에 따라 국가를 위해 결투 참여를 선택하였다고 해석[10]된다. 이런 해석을 뒷받침하는 것은 화가 다비드의 정치적 성향이 반영된 것이다. 다비드는 1789년 프랑스대혁명이 일어나자 혁명 세력에 가담했고, 1795년까지 국민의회파의 의원으로 활동한 바 있다. 정치와 사회운동에 적극적이었던 다비드의 성향으로 볼 때 그의 창작에도 어느 정도 그 영향이 있었을 것이라고 생각할 수 있다. 바로 이런 전제들을 알고 다비드의 《호라티우스 형제의 맹세》를 보면, 곧게 뻗은 삼형제의 팔은 루소의 계몽주의 사상에 대한 회화적 표현으로 해석할 수 있다. 또한 이 그림 속 호라티우스 삼형제는 일반의지가 작동하는 공화국을 꿈꾸는 다비드와 같은 생각을 가졌던 프랑스인들과 오버랩 된다.

4) 음악에서의 '고전'

18세기 후반에서 19세기 초반 계몽주의 사상이 독일어권 지역으로 확산되면서, 음악 분야에서도 새로운 혁신과 변화가 일어났다. 오페라와 같은 성악음악이 담은 극적인 스토리나 공연 요소 없이도 청중의 감성과 상상력을 자극할 수 있는 기악음악이 유행했다. 다양한 악기들에 의한 소리만으로 음악 자체를 이해하고 그 논리를 파악하면서 감상자들은 순수한 예술적 영감에 빠질 수 있게 되었다. 이런 기악음악은 성악음악과는 달리 그 자체가 빼어나고, 모범적이고 최고를 의미하면서 바로 '고전'으로 인식되었다. 수준 높은 예술 그리고 '시대 초월적'이라 여겨지며 보편적 예술로 자리 잡은 기악음악은 그즈음부터 이미 공공극장을 찾는 청중들에게 강하게 다가갔다. 이를 우리는 보통 고전음악 또는 고전주의 음악이라고 말한다. 이런 경향은 주로 독일어권에서 주도적으로 진행되었다. 이는 18세기 이후 음악사에서 거론되는 음악가들이 왜 거의 다 독일 출신인지를 설명한다.

하이든(Franz Joseph Haydn, 1732-1809), 모차르트 그리고 베토벤을 우리는 비엔나 고전주의 작곡가라고 부른다. 그리고 바로 그들의 음악을 미술이나 건축과 같이 시대를 뛰어 넘는 모범이나 빼어남, 탁월함을 담은 고전이라고 말한다. 또한 그들의 창작을 통해 음악사에서 고전주의 음악을 하나의 시대 개념으로 사용한다. 나아가 그들의 작품이 수많은 후대 음악가들의 표상이 되면서 고전이란 개념을 항상 같이 쓰고 있는 것이다.

중세시대부터 음악의 중심에 있던 성악음악은 가사를 우선했기 때문에 가사의 내용에 의존될 수밖에 없었다. 계몽사상이 지배적이었던 시기에 활동한 비엔나 고전주의 작곡가들은 가사(텍스트)의 지배를 벗어나 순수한 '소리'만을 가지고 음악적 영감을 작품 속에 담았다. 이는 이전까지 성악음악이 종교적 신념, 신화 등과 같은 특별한 내용을 전달하고자 만들어지면서 음악의 자율성을 충분히 드러내지 못했다는 사고에 근거한 것이다. 다시 말해서, 고전주의 작곡가들은 계몽에 의한 탈 신화로서 음악의 자율성을 기악음악에서 찾으려 했던 것이다. 그래서 성악음악보다 기악음악을 더 높은 음악예술로 보고자 함은 계몽사상과 연결해 볼 수 있다.

18세기 후반에 접어들면서 기악음악에 대한 호감은 많은 학자들에 의해 당위성을 인정받기 시작했다. 바로크시대부터 오페라와 같은 성악음악이 전부였었다는 분위기는 이제 반전을 맞이하여 기악음악이 훨씬 수준 높은 음악이란 의견들이 쏟아져 나왔다. 가사에 의존하는 성악보다는 완벽한 균형과 원칙에 의한 기악음악이 인간의 사고 수준에 걸 맞다고 생각했다. 인간의 사고가 점차 깨우쳐지고 수준이 높아짐에 따라 그에 맞는 예술적 수준도 필요하다고 그리고 심지어 이제까지 성악음악을 그렇게 좋아했던 것 자체가 마치 잘못이라도 된 것처럼 말하는 학자들이 등장했다.

독일의 시인이자 작가, 번역가인 티크는 성악과 기악에 대해 직설적으로 비교했다. 그는 '성악은 의존적 예술이자, 낮은 예술로 그리고 기악은 자체에 기반을 둔 비 의존적인 높은 예술'이라며 기악음악에 대한 우수성을 강조했다. 호프만도 '음악을 독자적인 예술로 말할 때에는 항상 기악을 말한 것이어야 한다'라며 티크와 비슷한 의견을 남겼다.[11] 호프만은 19세기 독일을 대표하는 작가이었을 뿐만 아니라, 다양한 장르의 음악작품을 작곡하고 또 음악평론가로도 활약했다. 그의 전력을 고려할 때, 기악음악이 우선해야 한다는 그의 주장은 음악 안에서 직접 경험한 바를 토대로 나온 것으로 볼 수 있다. 그래서 호프만이 하이든과 모차르트를 기악음악 창시자로 그리고 베토벤을 완성자로 본다는 견해는 이후 일반적인 것이 되었다.

　기악음악이 독자적인 예술로 자리 잡는데 있어 '형식'의 중요함을 독일의 철학자이자 음악이론학자인 벤트(Amadeus Wendt, 1783-1836)가 설명한 고전주의 음악에서 확인할 수 있다. 우리가 지금 일반적으로 말하고 있는 고전주의 작곡가 또는 비엔나 고전주의에 대한 개념은 벤트가 세상을 떠난 해인 1836년 발표한 글[12]에서 처음 등장한다. 그 글에서 벤트는 비엔나에서 활동했던 하이든, 모차르트 그리고 베토벤의 음악적 차이를 조금 더 구체적으로 설명했다. 벤트는 하이든은 음악작품을 만드는 소재보다는 전체 윤곽을 분명하게 하는 형식을 우위에 두었다고 평가했다. 또한 그는 모차르트가 하이든보다 소재와 형식을 서로 보완하고 존중할 수 있도록 작곡했다고 설명하고 있다. 그리고 베토벤은 형식보다 소재를 우위에 둔 창작을 했다고 기술했다. 그러니까 하이든은 이전까지 음악에서의 소재의 한계에 묶였던 틀을 형식으로 깨트리려 했고, 모차르트는 형식의 중요성과 소재의 의미를 적절하게 조화시켰다면 베토벤은 형식은 완성되었으니 음악적 소재에 의미를 더 두었다고 생각할 수 있다. 벤트는 이 세 명의 비엔나 고전주의 작곡가들이 활동한 시기를 '고전적 시기'로 설명하고, 음악에서 '고전'이라는 개념을 역사적 개념으로 정착시켰다. 그래서 18세기 말부터 19세기 초반까지 비엔나를 중심으로 활동한 이 세 명의 작곡가들을 우리는 '비엔나 고전주의자'로 편하게 부르게 된 것이다.

예술에 나타난 계몽주의 영향을 신고전주의 미술을 대표하는 다비드의《호라티우스 형제의 맹세》에서 선의 대조적 사용, 색채 등으로 설명했다. 18세기 음악에서도 계몽주의 영향을 찾자면 '소나타형식'(Sonata Form)[13]이 가장 적합할 것이다. 기악음악에서만 사용되는 소나타형식은 그 구성이 신고전주의 미술 특징인 선과 색의 대조나 형체와 유사하다. 다시 말해 음악을 구상하고 만드는 기본 골격과 외장이 분명한 원칙을 가지고 있다고 생각하면 된다. 고전주의 기악음악 창작이 소나타형식이라는 이론을 먼저 정립하고 이루어진 것은 아니다. 그러나 고전주의 기악음악은 소나타형식을 바탕으로 해석되고, 세 명의 작곡가들 작품을 통해 그 형식의 사용과 발전을 파악할 수 있다. 고전주의 기악음악과 꼭 붙어 있는 이 소나타형식은 앞에서 대조적인 선과 색채 그리고 형태로 설명했던 시각예술과 연결되는 '구조적 단아함'을 음악에 부여한다.

미술에서의 기본적인 원칙을 이해하면 음악에서 소나타형식이 어떤 이유로 만들어지고 사용되는지를 쉽게 이해할 수 있다. 회화에서 선이나 형체가 직선적이면서 세로축과 가로축에 평행 교차되게 배치되는 것을 찾을 수 있다. 형체를 묘사하는 방법도 정적이고 안정된 중량감을 갖고 있으며, 날카롭고 명쾌한 윤곽선이 긴장감을 암시한다. 명쾌한 선만 있는 것이 아니다. 곡선이나 자유로운 움직임을 나타내기 위한 표현들이 같이 사용되어 명쾌한 선을 더욱 강조했다. 특히 여성들을 표현한 부드러운 선과 강직한 남성들을 그린 명쾌한 윤곽선의 대조는 계몽의 체계를 보여준다. 이런 선의 대조는 헤겔의 변증법에 의한 정(thesis)-반(antithesis)-합(synthesis) 또는 정립 : 반정립과 연결할 수 있다. 이런 선의 대조를 음악에서는 가사를 가진 성악음악이 아닌 순수한 소리에 의한 기악음악을 위해 사용된 소나타형식을 통해 더 잘 확인할 수 있다. 계몽의 근본정신은 '자기를 유지하려는 속성 그리고 다른 것을 자기와 같은 것으로 만들고자 하는 속성'을 동시에 갖는다. 이런 계몽의 체계를 헤겔의 변증법과 연결하면, 음악에서의 소나타형식이 갖는 의미와 그것을 가지고 창작했던 기악음악을 이해하는데 도움이 된다. 조금 어려운 내용이겠지만, 3악장 구성의 소나타형식, 첫 번째 악장을 이루는 소나타악장형식과 그 악장을 시작하는 제시부를 변증법을 설명하기 위한 도형 이미지와 결합하여 설명해보고자 한다(그림 5).

비엔나 고전주의 작곡가 중 하이든과 모차르트 초기 기악음악은 세 개

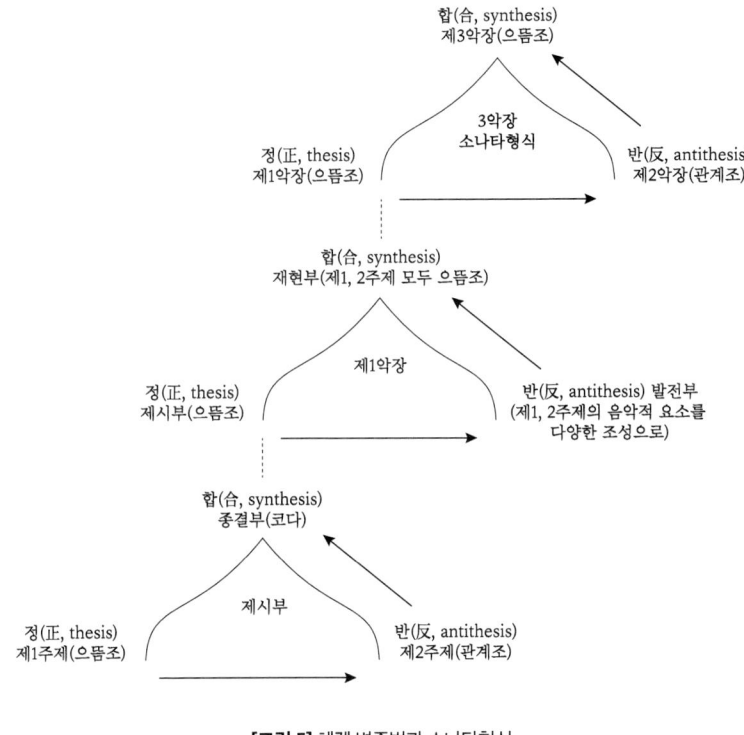

[그림 5] 헤겔 변증법과 소나타형식

악장으로 구성된 소나타형식을 보인다. 이후 하나의 악장이 더 추가되면서 소나타형식은 통상적으로 네 개 악장 구성으로 설명된다. 그리고 소나타형식으로 만들어진 작품의 첫 번째 악장은 연주 속도가 빠른 악장인데, 이 형식을 '소나타악장형식' 또는 '소나타알레그로형식'이라 명명한다. 소나타형식을 이루는 기본적인 세 개 악장들은 빠름-느림-빠름 패턴으로 빠르기의 대조를 이룬다. 이뿐 아니라 소나타형식에는 또 다른 대조적 요소인 조성도 중요한 의미를 가진다. 으뜸조로 시작한 제1악장이 끝나면 관계조(사촌관계와 같은)로 제2악장을 연주한다. 제2악장의 관계조, 즉 으뜸조와는 다른 것을 같은 것으로 만들려는 속성에 따라 제3악장은 제1악장과 같은 조성인 으뜸조로 돌아온다(그림 5의 상단, 참조). 이는 계몽의 체계인 '동일성의 사고'와 연결할 수 있다. '이완-긴장-이완'의 과정을 담은 이런 형식적 구조는 헤겔의 정(正)-반(反)-합(合)이라는 변증법의 논리적 구조와 비교해 볼 수 있다. 제1악장의 으뜸조는 주제의 상태(正)를 분명하게 드러낸다. 이어지는 제2악장은 관계조로 제1악장에 등장한 음악적 내용들과 대항하듯 새로운 요소들을 이용해 상호작용(反)을 다양하게 표현한다. 이러한 과정을 거친 후 마지막 악장에서 으뜸조로 더욱 고양된 자기 자신 혹은 총체성(合)을 상승시킨다. 지금까지 설명한 내용을 한마디로 정리하자면, 소나타형식은 계몽의 체계인 동일성의 사고와 정-반-합의 논리적 구조와 연결할 수 있다.

이러한 구조는 읽기-토론-논술의 과정을 바탕으로 한 글쓰기 또는 회화에서 안정적인 틀을 마련해 주는 삼각구도와 유사한데, 음악에서는 소나타형식으로 드러난 것이다. 물론 소나타형식이 만들어지기 전에도 하나의 악장에서 A-B-A′ 구조의 3부분형식으로 구조적인 안정을 꾀했다. 그러나 곡의 길이가 길어지거나 악장이 추가되고, 가사도 없는 기악음악에서 전체적인 균형과 안정을 위한 소나타형식의 등장은 그 의미가 다른 것이다.

세 개 악장을 계몽의 원리와 연결하여 설명했지만, 정-반-합의 원리에 따른 글쓰기와 비교해 본다면, 이해되지 않는 부분이 생긴다. 조성이나 빠르기로 분명한 차이를 보이며 제1악장과 제2악장이 정과 반의 관계를 보이지만, 마지막 합에 해당하는 제3악장으로 넘어가는 과정에서 '발전', 즉 '토론'에 해당되는 부분이 노골적으로 드러나지 않기 때문이다. 전체 곡을 조성이라는 관점에서 변증법적인 관계로 설명을 다하기에는 아쉬움이 남을 수밖에 없다. 조성이 음악에서 이성에 의해 작동되는 지배의 원리이자 체계임은 소나타형식 중 제1악장 소나타악장형식에서 더 확실하게 확인된다.

5) 소나타형식, 모차르트 피아노소나타로 조금 더 쉽게!

보통 소나타형식에 의한 작품을 말할 때, 제1악장의 조성이 곡 전체의 조성으로서 대표성을 갖는다. 예를 들어 FM 클래식 방송에서 진행자가 모차르트 피아노소나타 한 곡을 청취자에게 다음과 같이 소개할 것이다. "지금 들으실 곡은 볼프강 아마데우스 모차르트의 쾨헬 번호 322, F장조 피아노소나타 제12번 전 악장입니다." 진행자가 이 곡을 소개하기 위한 대본에는 아마도 W. A. 모차르트, 《피아노소나타 제12번》(KV. 322, F장조)로 쓰여 있지 않았을까? 그러나 방송을 통해 그 음악을 듣는 청취자는 제1악장이 끝난 후 이어지는 제2악장이 제1악장과 다른 것을 금방 알게 된다. 두 개 악장들의 주제선율이나 빠르기가 다르다는 것뿐만 아니라, 조성이 바뀌면서 음악적 색채감도 완연하게 변화된 것을 느낄 수 있다. 이 작품을 구성하는 세 개의 악장들은 F장조를 시작으로, B♭장조의 제2악장을 거쳐 F장조로 끝을 맺는다. 소나타형식의 전체적 구조를 설명한 그림 5에서 본 것과 같이, 《피아노소나타 제12번》의 첫 악장과 마지막 악장은 같은 조성이라 그 성격이 비슷한 것을 느낄 수 있지만, 두 번째 악장은 다른 조성을 가지고 있다. 더군다나 악장의 빠르기까지 빠르게(Allegro)-느리게(Adagio)-빠르게(Allegro assai)로 변화되다 보니 조성으로 느낀 색채감에 느리게 흐르는 음악적 분위기까지 더해져 두 번째 악장이 완전히 변한 것처럼 느껴질지도 모른다. 하지만 두 번째 악장의 조성 B♭장조는 첫 악장의 F장조와 4도 관계로 이른바 F장조의 사촌이라 할 수 있는 관계조이다. 사촌관계의 조성이라 할지라도 제2악장은 첫 악장 조성과 다르기 때문에 듣는 이로 하여금 음악적 색채감이 다르게 느껴지게 한다. 하지만 이런 분위기는 마지막 악장에서 다시 처음의 조성으로 가면서 곡 전체의 안정감과 색채적 통일감을 만들어낸다. 그림 5에 모차르트《피아노소나타 제12번》을 적용해 보면, 세 개 악장의 조성적 관계가 어렵지 않게 이해된다. 그리고 앞에서 말한 소나타형식의 모습이 변증법적 관계와 유사하다는 것도 알 수 있다.

그런데 최소 두 개의 조성을 가진《피아노소나타 제12번》을 소개하면서 F장조 작품이라고 말한다. 각각 의미있고 독창적이며 아름다움을 뽐내는 세 개의 악장들이 다른 조성을 가지고 있는데, 어째서 첫 악장의 조성을 이 작품의 조성으로 말하는지 궁금해 할 수 있다. 각 악장, 특히 두 번째 악장이 자기만의 고유 조성을 갖고 있지만, 그래도《피아노소나타 제12번》을 이야기할 때 F장조로 명명하는 것은 조성이 계몽과 긴밀한 관계를 갖고 있기 때문이다. 다시 말하면 계몽적 이성으로 생각한 결과가 부분보다는 전체를 보거나 전체적인 모습(총체성)이 중요하다는 점인데, 소나타형식에 의한 음악작품에서 조성이 바로 그런 역할과 의미를 가진다는 것이다.[14] 그래서 모차르트의《피아노소나타 제12번》을 제1악장 조성인 F장조를 대표 조성으로 소개하는 것은 계몽적 이성의 사유의 결과 총체성과 같은 의미이다.

조성이 음악에서 이성에 의해 작동되는 지배의 원리이자 체계임은 제1악장 소나타악장형식에서 더 확실하게 확인된다. 소나타악장형식으로 작곡된 모차르트《피아노소나타 제12번》의 제1악장의 각 부분을 변증법과 연결하면 그림 5의 중간 부분으로 설명되고 표 1과 같이 정리된다. 제시부에서의 두 개의 주제(제1주제와 제2주제)는 변증법의 정과 반에 해당된다. 그런데 이것들이 발전부를 거치고 난 후 제시부가 반복되는 재현부에서 합으로 모여진다(표 1).

	제시부	발전부	재현부
정	제 1 주제 (F 장조 , 으뜸조)		제 1 주제 (F 장조 , 으뜸조)
	↕ 대립 , 대조	→ 발전 제 1, 2 주제 음악적 요소를 다양한 조성으로	합
반	제 2 주제 (C 장조 , 관계조)		제 2 주제 (F 장조 , 으뜸조)

[표 1] 모차르트,《피아노소나타 제12번》제1악장에 포함된 변증법 관계

제1주제와 조성적으로 대립하던 제2주제는 C장조라는 정체성을 버리고 재현부에서 제1주제 조성인 F장조로 재현된다(표 1). 이런 관계로 하나의 악장에서 조성이 정, 반 그리고 마지막에 합에 이르는 변증법 논리 구조를 명확하게 보여준다. 또한 발전부에서는 두 개의 주제들이 다양한 방법으로 소통하며 발전한다. 정-반을 이룬 두 주제는 '토론'의 장인 발전부에서 각각 변증법의 주체가 되어 목소리를 높이기도 하고, 혹은 서로간의 합을 맞추는 과정과정을 밟는다. 이 토론의 여정에서《피아노소나타 제12번》제1악장의 대표 조성인 F장조는 결코 혈족을 벗어나지 않으면서 사촌들로 볼 수 있는 조성의 변화(C장조-c단조-g단조-d단조-a단조-F장조)를 보인다. 이 변화의 끝에는 합으로 가기 위한 F장조를 사용한다. 이렇게 제1주제와 제2주제의 정-반의 변증법적 논리는 조성뿐 아니라, 음악적 구조로도 확인할 수 있다.

변증법을 조성과의 관계로 살펴본 내용을 조금은 전문적으로 모차르트 《피아노소나타 제12번》의 제1악장을 악보와 함께 살펴보면서 음악적 구조 속 정·반의 논리를 보는 것도 재미있을 것이다. 작품 자체의 음악적 어법과 의미를 분석하기보다는, 첫 악장을 지배하고 있는 두 개의 주제를 중심으로 변증법적인 관계를 확인하기 위한 것이다.

모차르트, 《피아노소나타 제12번》, 제1악장

아래의 악보에는 제1악장의 제1주제 선율이 제시되어 있다.

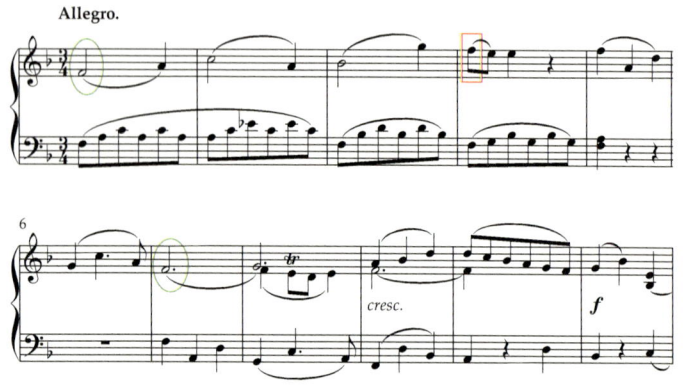

[악보 1] 모차르트, 《피아노소나타 제12번》, 제1악장 제시부, 제1주제(0:00~0:30)

악보 1에서 첫 마디부터 시작해서 일곱 번째 마디의 첫 음까지가 제1주제 선율이다(악보 1의 동그라미로 표시한 음들). 이 선율은 움직임으로 보면 마치 큰 곡선을 그리는 것처럼 보인다. 다시 말해 F음으로 시작한 제1주제는 계속적으로 도약(계단을 하나씩 오르지 않고 두 개 또는 세 개씩 다리를 벌려 오르는 듯한)하

106

며 상행하여 네 번째 마디에서 한 옥타브 위 F음(악보 1에 네모로 표시한 음)에 도달한다. 그리고 이렇게 오른 한 층에서 F음은 다시 세 마디에 걸쳐 내려왔다 다시 올라가는 과정을 거치며 제1주제 시작음인 F음(마디 7)에 도달한다. 이런 과정으로 제1주제 선율은 마디 1-7까지 큰 곡선을 그린다. F음이라는 이름을 가진 사람이 계단을 오르고 내리는 과정을 상상해보면, 모차르트가 제1주제에 동적인 느낌을 담으려고 했음을 짐작할 수 있다. '동적인 성격'의 제1주제와는 다른 성격의 제2주제가 C장조로 제시된다.

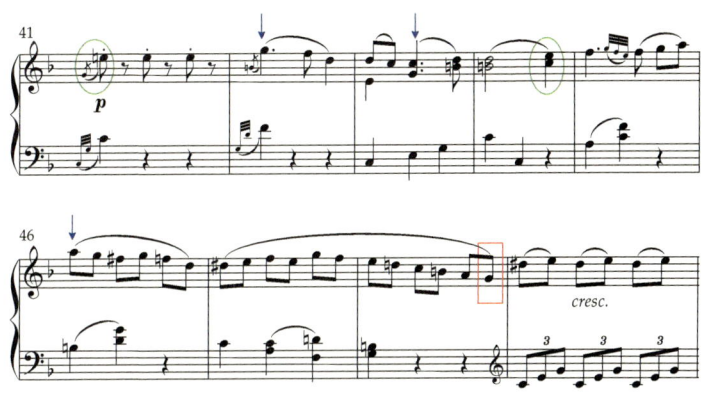

[**악보 2**] 모차르트, 《피아노소나타 제12번》, 제1악장 제시부, 제2주제(0:52~2:03)

마디 41부터 마디 48까지에 걸쳐 제2주제의 첫 번째 부분이 나타난다. 먼저 E음(악보 2, 동그라미로 표시한 음)으로 시작하는 선율은 이어서 3도 높은 G음(악보 2, 파란색 화살표)으로 상행했다가 다시 E음보다 3도 낮은 C음(악보 2, 파란색 화살표)으로 내려온다. 그리고 다시 마디 44에서 E음으로 돌아간다. 시작음 E음은 네 마디 동안 움직였지만, 다시 동일한 음인 E음으로 돌아왔고, 그 움직임은 제1주제에서 계단을 몇 개씩 넘어 올라가고 내려오는 모습과는 달리 한 계단씩 오르락내리락 했을 뿐이다. 제2주제의 첫 번째 부분 선율은 제1주제의 동적인 선율선과는 다르게 '정적'이라 할 수 있다. E음으로 다시 돌아온 제2주제는 마디 46에서 A음까지(악보 2, 파란색 화살표) 한 계단씩 또박또박 힘겹게 상행하지만, 다시 한 계단씩 오르락내리락 하면서 마디 48에서 제2주제를 시작한 E음보다 거의 한 층이나 낮은 G음으로 마감한다. 여덟 마디 동안 한 계단씩 오르고 내림을 반복하면서 작은 곡선과 하행 곡선을 그리고 있는 제2주제의 '정적'인 모습은 제1주제와는 대조적인 모습을 보인다. 이와 같은 제1주제와 제2주제의 대조성은 다비드《호라티우스 형제의 맹세》에서 보았던 남성과 여성의 대조적인 모습과 크게 다르지 않다.

모차르트《피아노소나타 제12번》제1악장 제시부에서 등장하는 두 개의 주제들이 선율적으로 대조적인 움직임을 보이는 것을 확인했다. 이 주제들 간에는 이런 선율적인 대조뿐만 아니라 리듬적인 면에서도 상이한 모습을 보인다. 작곡자는 3/4박자를 이 악장의 기본박자로 정하고, 두 개의 주제 선율에 각각 다른 리듬을 사용하였다. 제1주제는 장-단(♩♪) 리듬으로, 그리고 제2주제는 단-단-단(♪♪♪) 리듬을 사용하여 선율적인 분위기의 대조성을 더 강조한다. 선율 진행과 리듬에서 나타난 이렇게 다른 성격의 제1주제와 제2주제는 발전부에서 서로 조화를 이루거나 혹은 독자적인 특징을 가지고 다양하게 발전 과정을 보여준다.

악보 3은 발전부 시작부분이다. 마디 94부터 연주되는 선율을 보면 재미있는 모습을 찾을 수 있다. 선율에 주어진 리듬은 제2주제의 그것을 닮았지만, 선율의 도약하는 모습은 제1주제의 선율과 비슷하다. 이런 면모는 토론에서 자신의 의견을 주장하면서도 다른 사람의 의견에 동조하는 것과 같다. 두 개의 주제들이 가진 선율적 그리고 리듬적 특성들의 결합은 새로운 음악적 영감을 불러일으키기도 한다.

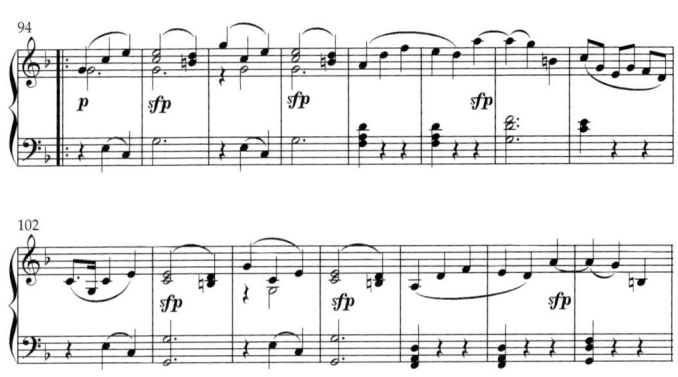

[악보 3] 모차르트, 《피아노소나타 제12번》, 제1악장 발전부(4:07~5:00)

제1악장의 마지막 부분인 재현부에서 두 개의 주제들이 같은 조성으로 '합'에 이르며 마무리의 분위기를 완성한다(그림 5 중간 부분, 참조). 발전부에서의 다양한 음악적 변화로 인해 재현부에서 '합'의 효과는 더 커진다. 특히 발전부에서 두 주제 간의 상이한 음악적 내용을 결합하기도 하고 조성적 발전의 과정을 보여주었다면, 재현부에서 주제가 다시 등장하는 준비과정에 필연성과 당위성을 얻게 된다. 이와 같이 소나타악장형식의 발전부는 세 개 악장 구성의 소나타형식에서 한눈에 확인할 수 없었던 변증법 논리 구조의 '발전'과 재정립된 주체, 혹은 더 정제되고 이성적인 정신으로써 재현부로 돌아가기 위한 과정을 잘 보여준다.

정-반-합의 변증법적 논리 구조를 음악에서 소나타형식에서의 각 악장들 간의 조성관계 그리고 한 악장 내에서 조성의 조직적인 배열과 운용을 통해 이론적으로 연결했다. 이런 연관성을 염두에 두고 음악을 듣는다면, 감상자들도 '조성이 음악에서 이성에 의해 작동되는 지배의 원리이자 체계'임을 인지할 수 있을 것이다.

미주

1. 계몽사상은 18세기 서유럽 대부분 나라들에서 나타났으며, 특히 프랑스가 중심이 되어 발전한 것으로 서양 근대사상의 기초를 마련했다. 계몽주의 대표 사상가로는 로크(J. Locke), 흄(D. Hume), 몽테스키외(Montesquieu), 볼테르(F-M. Voltaire), 루소(J. J. Rousseau), 볼프(Ch. Wolf), 헤르더(J. G. Herder), 백과사전파(디드로, 달랑베르), 칸트 등 많은 사람을 들 수 있다.

2. 이은수, "아도르노(T. W. Adorno)의 역사철학적 시각으로 본 조성(Tonality) 개념", 『서양음악학』17/1, 97.

3. J. J. 빙켈만/민주식 역, 『그리스 미술 모방론』, 도서출판 이론과 실천, 1995, 74 참조.

4. 최승규, 『서양미술사 100장면』, 한명, 2001, 68.

5. 아리스토텔레스의 이런 사고는 CHAPTER 1 '예술이란 무엇인가?'를 참조.

6. 이 작품은 다비드가 23살 때 《미네르바와 마르스의 싸움》(Combat de Mars contre Minerve, 1771)으로 로마 대상에서 2등상을 받고 5년간 이탈리아 유학을 다녀 온 후 완성한 것이다. 그는 이탈리아에서 고대 유물과 르네상스 대가 작품 모사를 통해 고대 예술 양식의 고귀함과 고전의 위대함을 터득했고 이를 자신의 예술적 방향을 확고히 했다. 《호라티우스 형제의 맹세》는 로마 제국이 형성되기 전 작은 도시국가였던 로마와 알바가 분쟁을 벌였고, 전쟁으로 인한 큰 희생을 막기 위해 로마와 알바의 대표 전사들이 결투를 벌여 그 결과에 승복하기로 한 이야기를 배경으로 한다. 이야기 속에는 두 도시를 대표하는 쿠리아티우스 가(家)와 호라티우스 가는 결혼이라는 것으로 묶여 있었기에 이와 같은 영웅담 뒤에 가족 살생이라는 슬픔이 있었다. 다비드는 이 역사를 담은 원전에는 없는 여성들의 이야기를 의연한 형제들의 모습과 대조되게 화폭에 담았다. 슬픔에 찬 세 명의 연인들 중 왼쪽의 두 여인 중 한명은 호라티우스 형제와 결투할 쿠리아티우스 가에서 호라티우스 가로 시집온 여인이고, 흰옷을 입은 오른쪽 여인은 쿠리아티우스 형제 중 한명과 약혼한 상태였다. 이 여인들은 오빠들 또는 남편 그리고 약혼자와 결투를 나서는 형제들을 응원해 줄 수마는 없는 슬픈 운명과 앞으로 다가올 불행을 의연하게 감내하고 있는 것 같다. 결연한 자세의 남성들과 슬픔에 찬 그러나 과하게 슬퍼하지 않는 절제의 모습을 띤 여성들의 대조적 표현도 신고전주의 회화의 균형 잡힌 형식미를 높이는 수단일 것이다.

7. 박갑영, 『이야기 청소년 서양미술사』, 한영문화사, 2011, 61-62.

8. 《호라티우스 형제의 맹세》에서의 이성적이고 절제된 감정의 표현뿐 아니라, 《라오콘 군상》을 통해 빙켈만이 언급했던 '고귀한 단순함과 조용한 위대함'으로 신고전주의 정신을

볼 수 있다. 이런 사례를 보여주는 다비드의 또 다른 작품으로는 《헥토르의 죽음을 슬퍼하
는 안드로마케》(1783)이 있다. 트로이 전쟁에서 주검이 된 영웅 헥토르의 아내와 아들이
오브제인 이 작품에서 아내 안드로마케는 남편을 잃은 비통하고 괴로운 순간에도 품위를
잃지 않고 있다. 이주헌, 『역사의 미술관』, 문학동네, 2014, 345.

9. 이주헌, 『역사의 미술관』, 335.

10. 이주헌, 『역사의 미술관』, 336.

11. 홍정수/오희숙, 『음악미학』, 음악세계, 1999, 227-230.

12. 이 글의 제목은 「특히 독일에서 성장한 음악의 현재 상황에 대하여」(Über den gegenwärtigen
Zustand der Musik, besonders in Deutschland und wie er geworden)이다.

13. 우리는 기악음악을 교향곡, 협주곡, 실내악, 독주곡 등으로 분류하고 있다. 이 장르들은
소나타형식과 관계하고 있어 독주곡, 특히 피아노 독주곡을 '소나타'라고 하듯이 '소나
타'라는 총칭을 사용할 수 있다. 소나타라는 개념은 성악음악에는 없고 기악음악에서만
사용되는데, 이런 기악음악에 사용되는 형식이라 해서 소나타형식으로 이해하면 된다.
기악음악 장르에서 교향곡은 오케스트라를 위한 소나타, 협주곡은 독주악기와 오케스트
라를 위한 소나타라는 의미를 포함한다.

14. 이은수, "아도르노의 역사철학적 시각으로 본 조성 개념", 95 참조.

CHAPTER 5.

'계몽'과 혁명의 과정을 함께한 예술의 두 여정

신고전주의 미술이나 고전주의 음악은 공통적으로 계몽사상, 산업혁명(1770-1830) 그리고 프랑스대혁명을 사회적 배경으로 하고 있다. 낭만주의도 마찬 가지이다. 신고전주의 미술이나 고전주의 음악과 비슷한 시기에 등장했지 만, 낭만주의가 꽃을 피운 것은 그보다 뒤여서, 시기 구분에서 고전주의 다 음에 놓이게 된 것이다. 하지만 18세기 중반부터 19세기 전반 유럽에서 전 개된 (신)고전주의와 낭만주의 예술은 서로의 양식적 특징이나 성격이 비슷 한 면도 있고, 전혀 다른 모습도 동시에 보인다.

계몽사상의 최고 성과인 이성에 의해 비합리적인 정치체제였던 왕정 정치를 무너뜨리는 시작점이 된 프랑스대혁명까지의 과정이 신고전주의 미 술과 고전주의 음악의 배경이 된다. 그리고 프랑스대혁명과 함께 등장한 나 폴레옹(Napoleon Bonaparte, 1769-1821)은 시대 변화에 커다란 영향을 끼쳤다. 그 가 처음 세운 통령정부(1799-1804), 혁명을 무의미하게 한 황제 등극과 제1

제정, 유럽전쟁, 1814년 나폴레옹 실각과 제1제정의 몰락까지 시대적 변화는 실로 엄청났다. 1814-1815년 빈 체제[1]를 시작으로 나폴레옹 사후의 정치 사회적 격변(1830년 7월 혁명과 1848년 2월 혁명)은 계속되었고, 그 안에서 낭만주의적 움직임이 일어났다. 그런 복잡한 정치·사회 환경은 사람들에게 바로 이성을 최고의 성과로 한 계몽의 모순을 느끼게 했다.

짧다면 짧다할 수 있는 시간 속에서 희망과 절망을 체감한 사람들의 생각과 감정 그리고 현실을 떠난 이상이나 상상 등이 다양한 예술양식으로 나타났다. 이런 혼란의 시간 속에서 활동한 예술가들, 예를 들자면 4장에서 언급했던 다비드, 앵그르, 들라크루아 그리고 산업혁명이 시작된 해에 출생해서 1827년 삶을 마감하여 바로 이 격동기 속에서 살았던 베토벤의 작품들에서 (신)고전주의와 낭만주의로의 과도기적 모습을 볼 수 있다.

1) 다비드, 계몽의 신화화

신고전주의 미술을 이야기하며 등장했던 다비드와 고전주의 작곡가 베토벤은 서로 활동한 지역은 달랐지만, 같은 시대를 살았다. 그들의 창작 배경에는 나폴레옹과 밀접하게 연결된 부분도 있다. 열렬한 공화주의자이자 자유 신봉자였던 다비드[2]와 베토벤 두 예술가에게 나폴레옹이라는 영웅은 그러나 다르게 인식되었다.

《호라티우스 형제의 맹세》 이후 다비드는 《테니스 코트의 서약》(Le Serment du Jeu de Paume, 1791)[3]과 《마라의 죽음》(La Mort de Marat, 1793) 등과 같은 걸작들을 계속해서 그렸다. 그리고 이 작품들에는 그의 정치적 성향뿐 아니라, 자유와 평등을 갈구하는 정신이 담겨 있다. 《마라의 죽음》은 자코뱅당의 지도자였던 마라(Jean-Paul Marat, 1743-1793)를 코르데(Charlotte Corday, 1768-1793)라는 여인이 살해한 장면을 담은 그림이다. 혁명의 이름으로 자행된 추악한 폭력 행위에 대한 반감으로 코르데가 마라를 살해했지만, 다비드는 화폭에 마라를 청렴한 애국자로 표현하기 위해 어떤 장식도 없는 목욕탕을 배경으로 선택했다. 다비드는 뚝 떨어진 팔로 마라를 예수와 같은 순교자로 묘사했다. 코르데의 살해 동기와는 아주 다르게 다비드는 이 그림에서 마라의 죽음을 이용해 절대왕정을 비난하는 자유주의 그리고 혁명의 신봉자였음을 보여준 것이다. 프랑스대혁명을 촉발한 사건을 그린 《테니스 코트의 서약》으로 다비드는 로베스피에르(M. de Robespierre, 1758-1794)와 정치적 동지가 되었다. 1794년 로베스피에르가 권력을 잃고 쫓겨나게 되면서 다비드 또한 체포되어 감옥생활을 했다. 혁명에 가담했던 다비드는 1797년 파리 정치계 스타였던 나폴레옹의 러브콜을 받았다.

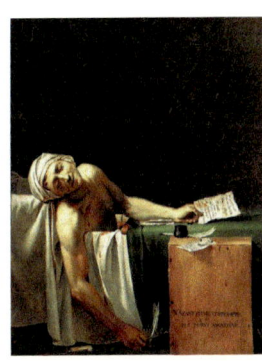 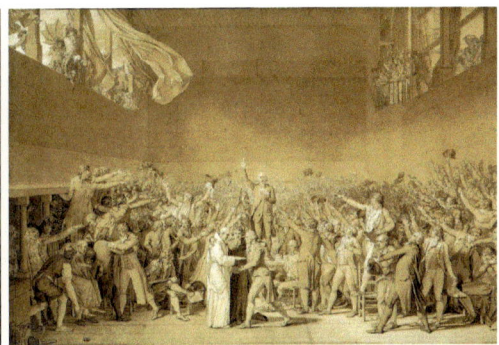

[그림 1] 다비드, 《마라의 죽음》　　[그림 2] 다비드, 《테니스 코트의 서약》

　　이후 다비드는 프랑스대혁명의 당위성과 새로 등장한 영웅 나폴레옹에 대한 이야기를 적극적으로 그렸다. 특히 그가 나폴레옹을 가장 위대한 모습으로 그린 한 점의 그림은 현재 나폴레옹을 이야기하면서 그 영웅의 이미

지를 쉽게 연상시키는 작품으로 알려져 있다(그림 3).《알프스를 넘는 나폴레옹》(Bonaparte franchissant le Grand-Saint-Bernard, 1800)은 1799년 나폴레옹이 통령정부의 제1통령으로 임명된 후 알프스를 넘어 마렝고에서 전승한 내용을 다비드가 사실적이기 보다는 위대함을 선전하는 내용을 담아 완성한 것이다.

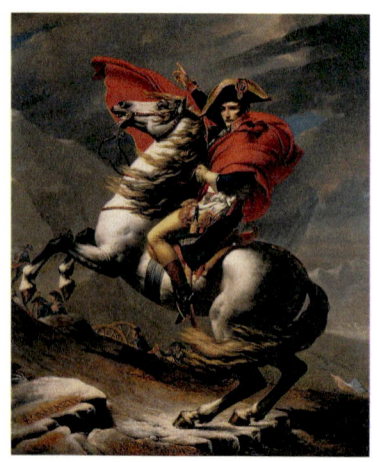

[그림 3] 다비드,《알프스를 넘는 나폴레옹》

왕정 정치를 타파한 혁명의 아이콘이었던 나폴레옹은 1804년 나폴레옹 1세 황제로 즉위하면서 자신의 존재를 '영웅'으로 그려준 다비드를 궁정 수석화가로 지명하였다. 여기서 작곡가 베토벤과 다비드의 예술적, 정치적 행보는 갈리게 된다. 베토벤이 나폴레옹의 황제 등극에 분노하여 헌정의 글귀를 지워버린 일화로 유명한《교향곡 제3번》(E♭장조, 1802-4)을 작곡한 것과는 대조적으로 다비드는《나폴레옹 황제 대관식》(Le Sacre de Napoléon, 1805-1807)을 그렸다.

프랑스에서 다비드가 개인의 정치적 신념을 예술로 표현하고 있던

1790년대부터 1800년대 초반까지 독일에 있던 베토벤은 이미 다른 예술적 삶을 살고 있었다. 베토벤은 1782년 본(Bonn) 궁정 오르간 보조연주자로 시작한 이력을 1792년 끝맺는다. 그리고 오스트리아 비엔나로 향한 그는 본격적인 '자유' 예술인으로서의 삶을 영위하기 시작했다. 다비드처럼 부패한 왕정 정치에 정치적 행보로 대항하지는 않았지만, 베토벤은 궁정의 후원을 벗어난 자유 작곡가로의 행보를 비엔나에서 시작한 것이다. 공적이냐 사적이냐는 정도의 차이가 있지만 절대왕정으로부터의 '자유'를 갈구했던 두 예술인의 행보는 그들이 동경했던 나폴레옹이라는 인물을 직·간접으로 접하게 되면서 그렇게 달라진 것이다.

자유를 추구했던 두 예술인의 대조적 행보는 이성에 의한 계몽이 어떻게 역사 속에서 수용되었는지 이해하는 데 도움이 될 수 있다. 계몽과 혁명의 상징이었던 나폴레옹이 계몽의 또 다른 폭력성을 독재자로 증명했고, 나폴레옹을 또 다른 '신화'로 받아들인 다비드의 작품들은 계몽의 자기 파괴적 모습을 보게 한다.[4] 이에 반해 베토벤은 계몽사상의 합리성 원리를 따른 소나타형식(4장, 그림 5 참조)을 하나의 규범으로 삼았지만, 나폴레옹에게 헌정하려 했던 《교향곡 제3번》에서 소나타형식을 벗어나려는 움직임을 보인다. 이는 바로 '신화화된 합리성에 대한 탈신화화', 즉 고인 물로 자리 잡은 계몽이 아닌 지속적인 발전을 보여준 것이다.[5]

2) 베토벤, 계몽의 탈신화화

베토벤의 《교향곡 제3번》은 '영웅'(Eroica)이라는 제목으로 더 잘 알려져 있다. 그의 교향곡 중 제목을 가지고 있는 첫 작품으로 4장에서 설명했던 3악장 구성의 소나타형식에 한 개 악장이 더 첨가된 4악장 구성의 교향곡 틀을 완벽하게 보이고 있다(표 1, 참조). 이 교향곡이 음악적으로 논리적인 형식을 바탕으로 하고 있고 훌륭하다는 이야기를 떠나서 이 작품 속에 담긴 작곡배경을 먼저 알아 둘 필요가 있다. 왜냐하면 4장에서 설명했던 계몽주의, 음악형식, 변증법 등의 개념을 간접적으로 이해할 수 있는 정보이기 때문이다. 베토벤의 《교향곡 제3번》 초고 표지에는 당시 유럽에서 영웅으로 등장했던 나폴레옹의 이름이 쓰였던 흔적이 있다(그림 4). 초고 표지는 열렬한 공화주의자이자 자유 신봉자였던 베토벤이 이 작품을 나폴레옹에게 헌정하려 했었다는 이야기와 연결된다. 그래서 이 작품의 창작 배경은 항상 프랑스대혁명 그리고 나폴레옹과 관계를 엮어 설명되곤 한다. 그러나 프랑스혁명의 민주적이고 반독재적인 이상을 구현한 주인공이라 믿었던 나폴레옹이 스스로 황제로 즉위(1804년 5월 14일)하자 베토벤은 그해 가을에 헌정을 철회했다.

베토벤은 초고의 표지에 써 놓았던 '제목 보나파르트'(intitolata Buonaparte)라는 글귀를 꼼꼼히 지우는 것6으로 혁명의 이름 아래에서 자행된 추악한 폭력에 대항했다. 마치 코르데가 마라를 살해한 것처럼 말이다. 이후 이 교향곡은 나폴레옹 적대자였던 로브코비츠(Franz Joseph von Lobkowitz, 1772-1816) 후작에게 헌정되었다.

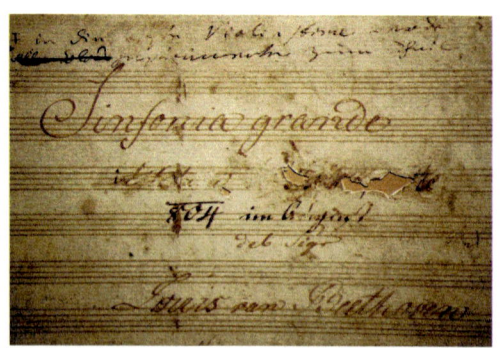

[그림 4] 베토벤 《교향곡 제3번》의 초고 표지

《교향곡 제3번》은 1806년 악보로 출판되었으며, 초판 악보에는 '영웅 교향곡, 위대한 인물에 대한 추모'(Sinfonia eroica, composta per festeggiare il souvenire di un grand'uomo)라는 부제가 붙었다. 부제를 가졌기에 표제음악의 차원에서 이 교향곡을 해석할 수도 있다. 하지만 이성적으로, 즉 계몽사상과 연결해 설명했던 소나타형식으로 이 교향곡을 들여다볼 수 있다. 물론 베토벤의 《교향곡 제3번》은 하이든 그리고 모차르트와 같은 선배 작곡가들을 원칙적으로 따르면서도 자신만의 독자성을 담아낸 작품이다. 즉 베토벤이 소나타형식이라는 계몽의 산물을 신화화하지 않고 진보적 사고로 발전시킨 모습을 이 교향곡에서 보여준 것이다. 초기작들에서 베토벤은 선배들의 음악을 모델로 삼았지만, 얼마 지나지 않아 자신의 독창적인 어법과 기법을 구현했다. 《교향곡 제3번》보다 4년 먼저 작곡되고 초연된 《교향곡 제1번》(C장조, op. 21)에 대한 아래 인용문에서 베토벤의 독자적인 면을 미리 확인할 수 있다.

> "1800년에 초연된 베토벤의 교향곡 1번 C장조는 하이든과 모차르트 후기 교향곡의 모델을 충실히 따르고 있음을 보여준다. 하지만 여러 점에서 베토벤은 자신의 고유함을 찾아 나갔는데, 명확한 으뜸화음 종지를 피하는 느린 도입부, 섬세한 다이내믹의 명암, 통상적이지 않은 목관의 지배, 스케르초 풍의 3악장, 다른 악장들에도 긴 코다를 사용한다는 점에서 그러했다."[7]

베토벤《교향곡 제3번》이 세 번째 악장에 삽입된 스케르초를 제외하고는 제1, 2 그리고 제4악장이 으뜸조-관계조-으뜸조로 정-반-합의 변증법적 논리구조를 벗어나지 않은 것을 표 1에서 볼 수 있다(4장 그림 5와 비교 참조). 베토벤의 《교향곡 제3번》 첫 악장의 조성이 E♭장조, 두 번째 악장의 조성은 첫

악장	빠르기 및 음악형식	조성	베토벤 《교향곡 제3번》	
1악장	빠름 / 소나타악장형식	으뜸조	소나타악장형식	E♭ 장조
2악장	느림 / 가요형식, 변주곡	관계조	장송행진곡	c 단조
3악장	빠름 / 미뉴에트	으뜸조	스케르초	E♭ 장조
4악장	빠름 / 론도	으뜸조	변주곡	E♭ 장조

[표 1] 4악장 구성 소나타형식과 베토벤 《교향곡 제3번》 구성

악장의 조성에 대한 나란한 단조인 c단조 그리고 마지막 제4악장은 다시 제1악장 조성이자 이 작품의 으뜸조인 E♭장조로 끝나고 있다. 제2악장의 조성이 제1악장 E♭장조와 사촌 관계이기보다는 형제 관계로 볼 수 있는 c단조이지만, 이 또한 관계조이다. 이런 악장 간의 조성관계는 소나타형식의 원칙을 따르고 있는 《교향곡 제3번》이 계몽의 원리가 반영된 음악적 체계를 바탕으로 하고 있음을 보여준다.

하지만 계몽의 원리나 정형적인 소나타형식의 관점으로만 이 교향곡을 보기에는 한 학자의 견해가 주목을 끈다. 독일 출신의 예술사학자이자 음악학자 리츨러(Walter Riezler, 1878-1965)는 베토벤과 이 교향곡에 대해 "속박의 사슬이 끊어지고, 자유를 향한 전진"[8]을 이루었다고 쓰고 있다. 이 주장 또한 베토벤이 이 《교향곡 제3번》에 소나타형식을 고착된 것으로만 받아들이지 않고, 자신의 독창적인 면을 담았다는 것으로 해석할 수 있다. 그러나 기억해 두어야 할 것은, 베토벤이 이 작품에 독창적인 어법을 불현듯 구현한 것이 아니란 점이다. 그의 독창성은 하이든이나 모차르트의 선제적 작업의 연장선에서 피어날 수 있었다. 그런 면을 4장에서 이야기했던 모차르트의 《피아노소나타 제12번》과 간략하게 비교해 본다.

우선 조성적인 면에서 보면, 《교향곡 제3번》 제1악장 제시부에서의 두 개 주제들은 으뜸조인 E♭장조와 딸림조인 B♭장조로 작곡되었다. 이 관계는 모차르트 《피아노소나타 제12번》 제1악장 제시부에서의 제1주제와 제2주제와 같은 조성적 대조를 보인다. 또한 리듬적 측면에 있어서도 《교향곡 제3번》 제1악장 제시부의 시작은 장-단(♩♪) 리듬을 강조하고(악보 1), 마디 83에서 제시되는 제2주제는 두 번째 4분음표가 강조되는 단-단-단(♪♪♪) 리듬으로 시작한다(악보 3). 조성과 리듬의 차원에서 볼 때, 베토벤 《교향곡 제3번》 제1악장 제시부의 두 개 주제는 모차르트 《피아노소나타 제12번》 제1악장 제시부의 제1주제와 제2주제와 같이 변증법과 연결되는 정-반의 내용을 갖고 있다. 하지만 조금 더 세부적으로 작품을 들여다보면, 리슬러가 말한 것과 같이 베토벤이 소나타악장형식을 규범으로 삼지 않은 새로운 모습을 확인할 수 있다.

베토벤, 《교향곡 제3번》, 제1악장

《교향곡 제3번》 제1악장은 E♭장조 으뜸화음이 두번 울린 후 아름다운 첼로 선율로 시작된다. 이 선율을 제1주제라고 할 수 있지만, 이 선율은 전체 악장에서 그대로 반복되지 않고 동기로 활용되고 있어 소나타악장형식 제시부의 제1주제로 단정하기는 쉽지 않다. 첼로가 연주한 선율 속 동기는 전체 악장을 지배하기 때문에 주요동기로 본다. 다시 말해 《교향곡 제3번》 제1악장이 소나타악장형식을 바탕에 두고 있지만, 제1주제를 갖지 않았다는 것이다.[9] 제1악장을 시작하는 첼로 선율을 제1주제로 보지 않는 이유는 이 선율이 제1악장을 시작하는 두 개 화음인 E♭장조 으뜸화음(마디 1-2)을 분산시켜 선율적으로 풀어낸 것에 불과하기 때문이다. 또한 이 첼로 선율 이후 따르는 마디 7-15의 내용이 재현부에서 등장하지 않는 것도 첼로 선율을 제1주제로 볼 수 없는 이유가 된다.

《교향곡 제3번》 제1악장의 제1주제를 대신하는 주요동기는 제2주제가 제시되기 전에 '삽입주제' 형성에 큰 역할을 한다. 마디 45-56에서 오보에를 시작으로 목관악기들이 서로 모방하며 만드는 삽입주제는 바로 첼로 선율 후반부(악보 1과 2에 동그라미 한 부분 비교)의 주요동기에 근거한다. 마디 83에서 E♭장조의 관계조인 B♭장조로 제시되는 제2주제를 이끌어 내는 부분은 삽입주제를 연상시키고, 제2주제의 당김음 리듬(싱코페이션)은 제1악장 시작

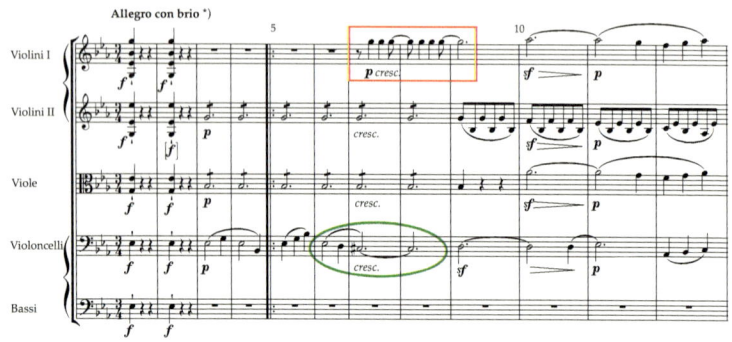

[악보 1] 베토벤《교향곡 제3번》, 제1악장, 주요동기, 마디 1-12

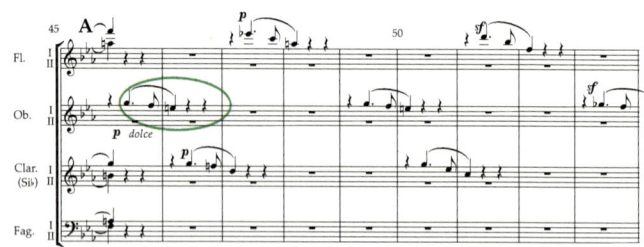

[악보 2] 베토벤《교향곡 제3번》, 제1악장, 마디 45~53(삽입주제), 목관파트(0:58~1:10)

부분에서 첼로의 주요동기 연주와 맞물리며 바이올린이 제시했던 것이다. 제2주제의 당김음 특징은 재현부에서 다시 등장하지 않는 마디 7-15를 가공한 내용이다(악보 1과 3의 네모로 표시한 부분 비교).

　　제1주제 없이 작곡한 것, 주요동기를 활용하여 삽입주제를 형성한 점 그리고 제2주제를 삽입주제와 제1악장 제시부 시작 부분의 리듬적 특징을 결합했다는 점 등은 베토벤이 이 교향곡에서 기존의 소나타악장형식을 단순히 수용하지 않고 독자적인 어법을 시도한 것으로 해석할 수 있다.

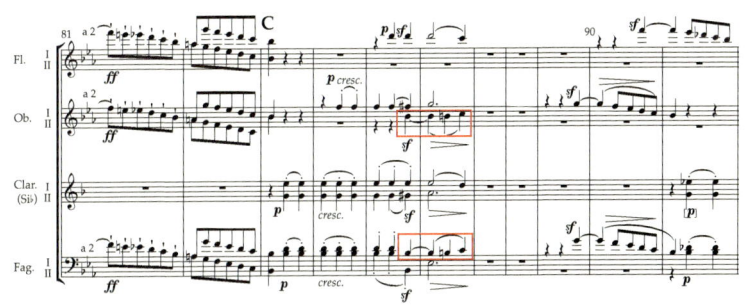

[악보 3] 베토벤《교향곡 제3번》제1악장 제2주제, 마디 81-91, 목관파트(1:43~)

　　베토벤은《교향곡 제3번》제1악장의 리듬 운용에 있어서도 의미 있는 모습을 보여준다. 제1악장 제시부에서 들려온 당김음 리듬(악보 1에 네모로 표시한)은 이 교향곡 전체 악장에서 주요 음악적 요소로 등장하며, 악장들을 유기적으로 묶어 주고 있다. 이 또한 베토벤이 소나타형식을 정형으로 삼지 않고, 발전하며 나아가는 진보성을 갖춘 작곡가임을 보여주는 사례가 된다.

　　베토벤의 진보성은 소나타형식에 담은 변화뿐 아니라, 교향곡의 음향을 만들어 내는 악기들의 활용에서도 드러난다. 베토벤 이전까지의 오케스트라는 악기들의 균형적인 발전이 미흡했던 관계로 아직 교향곡 음향을 완벽하게 들려주기에는 부족하였다. 그래서 하이든이나 모차르트의 교향곡과 베토벤의 교향곡은 규모뿐만 아니라 음향적인 면에서도 차이를 보이는 것이다. 베토벤이 《교향곡 제3번》에서 특히 호른을 적극적으로 활용한 점은 관현악법에서의 혁신으로 평가된다. 저음 관악기로서 선율 연주보다는 화성의 베이스를 주로 맡았던 호른이 이 교향곡에서 선율을 담당할 뿐 아니라, 소나타형식의 틀을 벗어날 때도 중요한 역할을 하고 있다. 이는 당시의 관악기 활용에 대한 일반적인 인식을 벗어난 것으로, 베토벤 이후 교향곡 작곡가들에게는 새로운 지평을 열어준 계기가 되었다. 호른의 이런 혁신적 운용은 영국 BBC 방송에서 만든 영화 『에로이카』 장면에서도 특별하게 다루어지기도 했다. 121쪽 QR코드 음원에서는 볼 수 없지만, 영화 속 제1악장을 연주하는 장면에서 호른의 예기치 못한 등장을 들은 베토벤의 제자 리스(Ferdinand Ries, 1784-1838)는 호른 주자가 실수했다며 과격한 반응을 보인다. 이를 본 베토벤은 자신의 의도를 이해하지 못한 제자를 야단치고 연주 장소에서 내쫓는다. 영화 속 바로 이런 해프닝은 베토벤의 독자적인 관현악법을 설명하고 있는 것이다.

　'영웅'이라는 눈에 띄는 제목을 가지고 있는 베토벤의 《교향곡 제3번》 그리고 다비드의 《알프스를 넘는 나폴레옹》을 통해 우리는 계몽사상의 영향을 받은 두 예술가의 다른 행보를 확인했다. 바로 이러한 모습은 새로운 예술 사조를 향하는 과도기 현상으로 설명할 수 있을 것이다. 이런 중간 과정을 보통 '낭만주의'로 설명하는데, 이는 고전과 낭만이 시기적으로는 공존했지만, 고전주의와 낭만주의의 예술적 경향은 이미 차별화를 이루었음을 의미한다. 이런 모습을 시각예술을 통해 먼저 그리고 음악으로 좀 더 설명해보자.

3) 혁명 과정 속 고전과 낭만

철학적 정의를 담은 '주의'를 설명하는 문헌인 골드워그(Arthur Goldwag)의 『이즘과 올로지』(2009)에는 "낭만주의는 계몽주의의 합리주의와 신고전주의의 귀족적 형식성에 대한 반동으로 18세기 후반에 유럽에서 시작된 지적이고 심미적인 예술 사조"[10]라고 설명하고 있다. 조금은 이해하기 어려운 설명이기도 하지만, 낭만주의는 이전에 있었던 계몽주의, 합리주의 그리고 신고전주의가 보여 주었던 모습이나 영향에 무언가 아쉬운 점이 있었던가 아니면 더할 것이 있기에 등장한 예술사조로 이해할 수 있다. 그런 낭만주의가 등장하고 발전하기 위해서는 그것이 나올 수밖에 없었던 이유와 등장한 후 그것을 받쳐주고 밀어줄 배경도 필요하다. 그리고 예술사적인 시대구분에 사용된 중세, 르네상스, 고전 등의 개념들과 비교해 본다면, 낭만주의 또는 낭만주의시대라는 용어에는 이미 인간의 감정을 연상시키는 의미를 담고 있다. 그래서 낭만주의를 이야기하면 보통은 문학과 예술에서 그 구체적인 예를 찾는다. 왜냐하면 이 영역들은 기본적으로 인간의 감정을 중요시하기 때문이다. 따라서 음악이나 미술과 같은 창작과 작품 감상을 직접적으로 낭만주의라는 개념으로 엮기가 수월하기에, 여기서도 낭만주의를 예술 차원에서 이야기하려 하는 것이다.

잔 다르크(Jeanne d'Arc)나 나폴레옹 등 영웅을 많이 그렸던 프랑스 화가 앵그르의 대표작 가운데 하나는 《루이 13세의 성모에의 맹세》(Le Voeu de Louis XIII)이다. 그리고 같은 시기에 활동했던 들라크루아도 대표작으로 《히오스섬의 학살》(Scènes des massacres de Scio)[11]을 남기고 있다. 이 두 작품의 소재와 표현은 신고전주의와 낭만주의 회화의 차이를 분명하게 보여준다. 대조되는 예술 양식으로 보는 이 작품들은 1824년 같은 해에 창작되었다. 이때는 빈 체제에 의해 30여 년 지속된 혁명 이전의 왕 중심 체제로 회귀했던 시기이다. 나폴레옹이 패망한 후 프랑스에서 왕정복고로 왕위에 오른 루이 18세(Louis XVIII, 재위기간 1815-1824)는 국민들이 원하고 이루었던 혁명의 유산과 흔적을 없애 버렸다. 나폴레옹시대가 확실히 끝나고 예전의 황제 치하로 돌아간 시점에 앵그르와 들라크루아가 대표작을 창작했고, 전자는 신고전주의를 그리고 후자는 낭만주의라는 대조되는 양식의 두 작품이 동시에 살롱에 출품되었다. 이 내용은 베토벤《영웅교향곡》에서 고전과 낭만이 공존하는 것과 같이 미술문화 속에서 고전과 낭만이라는 예술사조의 동시성을 보여준다. 뿐만 아니라 작품을 통한 작가들의 서로 다른 세계관이 같은 시대에 공존하고 있음을 엿보게 한다. 두 작품들이 가진 특징을 조금 더 구체적으로 들여다보자.

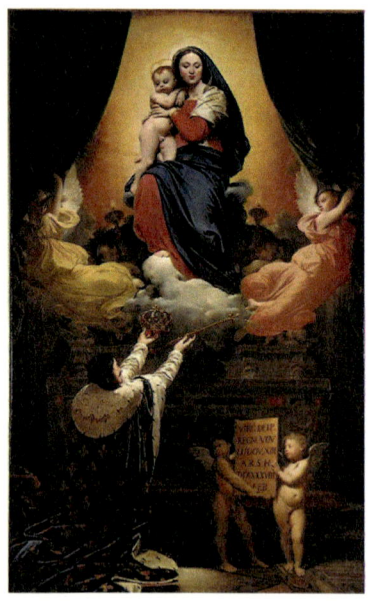

[그림 5] 앵그르,《루이 13세의 성모에의 맹세》

다비드의 제자로서 스승의 신고전주의를 계승한 앵그르는 1820년 루이 18세 왕권 정부로부터 그림을 한 점 주문받았는데, 이 작품이 바로《루이 13세의 성모에의 맹세》이다. 정부에서는 왕권정치를 정당화하고 강화하기 위한 메시지를 앵그르에게 그림으로 주문했다. 앵그르에게 정부가 요구한 바는, 프랑스 절대주의 왕정을 대변하는 루이 13세(Louis XIII, 재위기간 1610-1643)가 성모에게 봉헌하는 내용을 구체적으로 표현하라는 것이었다. 주문받은 내용을 앵그르는 '환상'이라는 배경 안에 담아내면서 진실이 아닌 것을 상상으로 가능하게 만들었다. 루이 13세가 성모자를 환상 속에서 만나는 것으로 표현하여 주문 메시지를 해결한 이 그림에서 앵그르는 전통적인 기법과 표현양식을 적극 활용하였다. 좌우대칭과 삼각구도로 안정된 중량감을

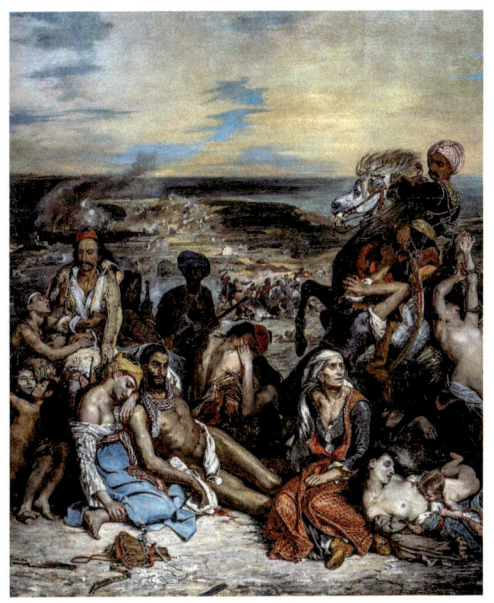

[그림 6] 들라크루아,《히오스섬의 학살》

확보하고, 명쾌한 윤곽선 그리고 적색, 청색과 같은 색의 대조를 통해 절제된 분위기를 담아냈다. 바로 이러한 요소들이 신고전주의 회화의 특징으로 이야기되는 것들이다.

그림의 주제를 모르는 상태에서 바라만 봐도 들라크루아의 《히오스섬의 학살》은 앵그르 《루이 13세의 성모에의 맹세》와 무언가 차이를 느끼게 한다. 바로 그 차이점을 신고전주의 반대 개념으로서의 '낭만주의' 회화에서 나타나는 특징으로 설명할 수 있다.

들라크루아의 그림에는 인간이 극한의 상황에서 느낄 수 있는 온갖 감정이 표현되어 있다. 그리스 독립전쟁 때 히오스섬 주민들이 튀르키예인들로 부터 받은 공포, 체념 그리고 고통을 화가는 딱딱하고 명료한 선보다는 부드러운 선으로 생생하고도 극적으로 표현하고 있다. 또한 이 처참한 장면의 원인 제공자인 튀르키예 기마병이 여자를 납치해가는 잔인함을 앞발을 높이 들어 올렸을 뿐 아니라 갈기가 휘날리는 말의 역동적인 모습으로 강조하고 있다. 이런 표현은 신고전주의 화가 다비드나 앵그르의 그림과 분명 차이를 보인다. 불타서 피어오르는 연기, 검은색으로 그려낸 압도적인 바다 그리고 점차 노을이 지는 하늘의 강렬한 색채와 생생한 묘사로 들라크루아는 처참한 전투와 인간의 공포를 표현했다. 이에 반해 다비드의 《마라의 죽음》(그림 1) 그리고 앵그르의 《루이 13세의 성모에의 맹세》에서는 깔끔하게 처리된 뒤 배경으로 인간의 복잡한 감성을 크게 드러내지 않고 있다.

들라크루아의 예술적 사고는 1830년, 즉 《히오스섬의 학살》보다 12년 전에 완성한 《민중을 이끄는 자유의 여신》(La Liberté guidant le peuple)에서도 찾을 수 있다. 1830년 7월 혁명을 소재로 한 이 작품에서 작가는 확고한 혁명 정신의 표현을 낭만주의 예술로서 승화시켰다. 루이 18세 뒤를 이어 1824년 왕위에 오른 샤를 10세(Charles X, 1824-1830)가 1830년 7월 출판 자유의 금지, 반정부세력이 다수를 차지한 하원의 해산, 선거자격의 제한 등을 칙령으로 선포했다. 그러나 시민들이 주축이었던 혁명군의 반발이 거세지자, 결국 손자인 필리프 1세(Louis-Philip I, 1830-1848)에게 왕위를 넘기고 물러나게 되었다. 이런 일련의 정치적 상황은 보수적인 입헌왕정(立憲王政)을 자유주의적인 입헌왕정으로 바꾸어 놓았다는 평가를 얻는다. 그러므로 7월 칙령은 7월 혁명의 기폭제가 되었고, 들라크루아의《민중을 이끄는 자유의 여신》은 부제 1830년 7월 28일이 밝힌 것과 같이 1830년 7월 혁명을 화폭에 담은 것이다. 혁명의 영광을 담은 그림 속에는 2024년 파리올림픽 마스코트였던 자유를 상징하는 프리기아 모자(Bonnet phrygien)를 쓴 자유의 여신이 삼색 깃발을 높이 들고 있다. 이 깃발의 색들은 1789년 대혁명의 정신인 '자유', '평등', '박애'를 상징하며 국민이 나라의 주인이라는 서구민주주의 이념을 상징한다. 《민중을 이끄는 자유의 여신》에서도 신고전주의 회화의 안정적 구도인 삼

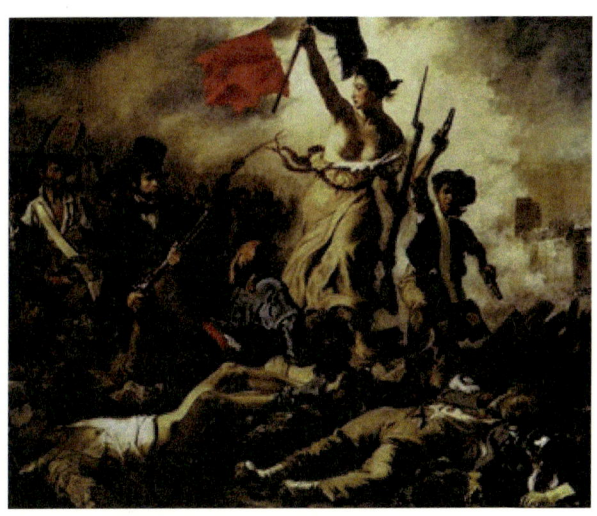

[그림 7] 들라크루아,《민중을 이끄는 자유의 여신》

각구도를 볼 수 있다. 자유의 여신을 중심으로 들라크루아 자신을 모델로 한 중절모를 쓴 신사가 든 총 그리고 소년의 왼팔을 축으로 삼각구도가 만들어진다. 그러나 이 그림이 앵그르의 《루이 13세의 성모에의 맹세》와 같이 고요하고 정적인 분위기를 만들지는 않는다. 왕정복고에 반대하는 봉기의 격렬함은 삼색기의 붉은 색과 자유의 여신 발 밑에서 우러러보고 있는 사람의 청색 옷의 색상 대조로 강조된다. 《히오스섬의 학살》에서 배경의 연기, 노을 등이 처참한 전투와 공포를 극적으로 표현했던 것과 같이, 이 그림의 배경에서 불길을 상징하는 노랗고 흰 연기는 봉기의 격렬함을 더 드러낸다. 또한 이 그림의 앞부분에 죽어 넘어져 있는 계급장을 단 군인과 하의가 탈의된 남자가 서로 반대 방향으로 배치된 것은 민중 봉기의 격렬함과 처참함을 보여주기도 하지만, 낭만주의의 일면인 비극성을 담은 것이다. 상상의 인물인 자

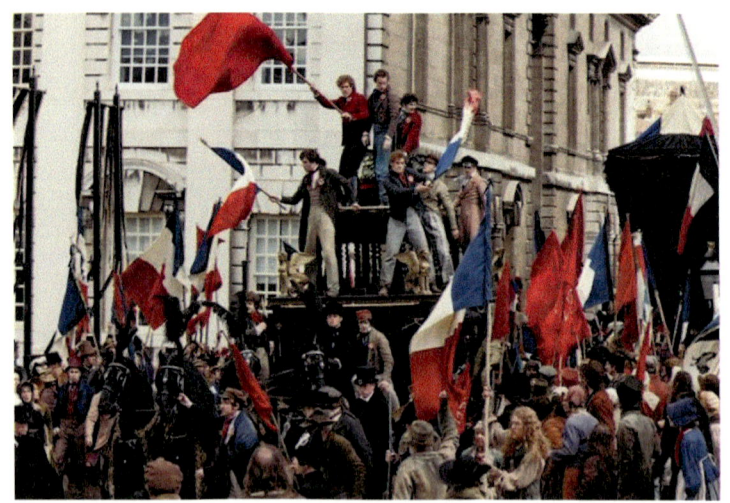

[그림 8] 영화 《레미제라블》 속 행진 장면

유의 여신은 낭만주의의 중요 요소인 비현실의 진리를 대변한다고 한다.

삼색기는 7월 혁명 때 왕위에 올랐던 필리프 1세를 시민들이 끌어내리고 완전한 공화제를 주장했던 6월 민중봉기가 일어난 1832년 또 다시 휘날리게 된다. 이 역사적인 사건을 배경으로 한 소설이 바로 위고의 『레 미제라블』(Les Misérables, 1862)이다.

4) 베토벤이 바라 본 혁명의 자기 파괴적 모습

19세기 낭만주의시대 예술에서 가장 눈에 띄는 분야는 음악이다. 천재적인 음악가들의 등장과 그들의 작품이 보여준 다양하고 섬세한 감성은 아직까지도 음악을 감상하는 이들에게 큰 사랑을 받고 있다. 형식과 원칙을 우선했던 고전주의에 비해 낭만주의 예술은 훨씬 감성적이고 개인주의적인 모습을 보였다. 그래서 고전주의 반대 개념으로서의 '낭만주의'를 음악에서 설명하자면, 계몽주의와 변증법과의 관계로 설명되는 고전적 소나타형식을 벗어나려는 시도들을 예로 들게 된다. 이미 베토벤《영웅교향곡》을 통해 그 모습을 잠깐 설명했다. 베토벤 창작의 중기를 시작한 이 교향곡 이후의 작품들에서는 음악에서 작용되는 계몽의 원리이자 체계인 조성의 자유로운 운용 그리고 소나타형식을 벗어나는 과정이 나타난다. 고전주의 음악의 정통이 스스로 그 안에서 이미 다음 세대의 음악적 특징을 보여주기 시작한 것이다. 여기서 베토벤의 음악적 여정을 다시 한 번 살펴볼 필요가 있다.

독일에서 태어나 주로 오스트리아 비엔나에서 활동했던 베토벤은 다비드와는 달리 프랑스대혁명을 직접적으로 경험하지는 못했다. 그러므로 베토벤을 프랑스대혁명 그리고 그로 인해 급변하는 프랑스의 혼란한 사회와 직접 연결할 수는 없지만, 간접적인 영향을 이미《영웅교향곡》창작 배경에서 확인할 수 있었다. 나폴레옹의 등장과 함께 보여준 민주적 기치에 베토벤은 환호했지만, 곧 영웅이 황제로 등극하는 모습에 등을 돌린 베토벤의 창작 시기 구분은 당시의 그런 사회적 변화와 연결된다.

　베토벤의 창작을 그의 삶의 여정 그리고 창작 경향 변화와 연결하여 1770-1802년을 초기, 1803-1814년을 중기 그리고 청각을 완전히 잃었던 1815년부터 1827년까지를 후기로 나눌 수 있다. 초기를 마감하는 1802년은 1789년부터 시작된 청각상실[12]과 연결된다. 음악가로서 듣는 감각의 상실은 그에게 엄청난 두려움을 주었다. 그래서 몇 년간의 고통 후 1802년 하일리겐슈타트(Heiligenstadt)[13]라는 작은 마을에 머물던 그는 청각상실로 인한 고뇌가 담긴 한 통의 유서를 쓰기도 했다. 또한 1802년은 나폴레옹이 영국과 협력하자는 내용의 아미앵(Amiens)조약을 맺으며 주변 강자를 모두 제압했던 해이다. 베토벤의 창작시기 구분이 우연치 않게 당시의 프랑스 정치적 격변과 맞물려 있음은 중기를 마무리하는 1814년에서도 확인된다. 1814년은 나폴레옹이 엘바섬으로 귀향길에 오른 해이고, 1814-1815년에는 빈 체제가 진행되었다. 이 시기 구분으로 베토벤이 혁명에 환호했지만, 결국 그가 실망했던 나폴레옹의 몰락을 지켜봐야 했다. 그리고 그는 1830년 7월 그리고 1848년 2월에 일어난 혁명의 결실을 끝내 보지 못하고 생을 마감한 비운의 작곡가였다는 사실을 알 수 있다. 1827년에 생을 마감할 때까지 베토벤은 혁명 이전의 왕 중심 체제인 '왕정복고'라는 정치상황 속에서 절망하며 혁명의 자기 파괴적 모습을 지켜보아야만 했다.

　복잡한 정치 사회적 상황으로 계몽사상이 흔들리던 이 기간에 베토벤의 작품은 소나타형식의 경계를 넘기 시작했다. 계몽사상의 음악적 결실이라고 설명했던 소나타형식이 가진 원칙의 틀을 넘어 그는 자신의 작품에 '변화'와 '발전'을 추구했다. 고전주의 음악의 틀이었던 소나타형식을 벗어난 새롭고 개성있는 베토벤의 작품들은 '계몽의 지속적인 발전'으로 간주된다.

고전주의의 반대 개념으로 형식을 벗어나 독자적인 개성을 추구하는 낭만주의적 경향은 베토벤의 중기 이후 작품에서 찾을 수 있다. 그러한 특징은 그가 작곡한 중기와 후기 피아노소나타 작품들의 악장 구성과 각 악장간의 조성 관계에서 분명하게 드러난다.

모차르트 피아노소나타 그리고 베토벤 《영웅교향곡》으로 이미 설명했듯이, 고전시대 소나타형식에 의한 작품은 통상적으로 세 개나 네 개의 악장으로 구성된다. 그러나 베토벤은 중기와 후기에 작곡한 피아노소나타들 몇 곡에서 그런 악장 구성을 지키지 않았다.[14] 1803년 이후 《피아노소나타 제21번》(op. 53, 1805, 발트슈타인)부터 《피아노소나타 제32번》(op. 111, 1821)까지 작곡한 피아노소나타 12곡 가운데 총 5곡이 두 개 악장으로 작곡되었다. 이런 구성은 헤겔의 정-반-합이라는 변증법적 논리로 설명했던 소나타형식의 3악장 구성을 벗어난 것이다.

소나타형식을 하나의 규범으로 보지 않은 '벗어나기' 창작은 《피아노소나타 제22번》(op. 54)에서 더 볼 수 있다. '음악에서 이성에 의해 작동되는 지배의 원리이자 체계가 조성'임을 대변하는 소나타악장형식을 베토벤은 이 곡에서 제1악장이 아닌 제2악장에 적용하였다. 그리고 제1악장은 미뉴에트로 작곡하면서 제1악장을 소나타악장형식으로 작곡하는 전통을 넘어 선 것이다.

베토벤, 《피아노소나타 제22번》, 제1악장

《피아노소나타 제22번》과 같이 제1악장을 소나타악장형식으로 작곡하지 않는 베토벤의 개성은 이전부터 나타났다. 그가 초기 창작시기에 작곡한 《피아노소나타 제12번》(1801)부터 《피아노소나타 제15번》까지 4곡 가운데, 《피아노소나타 제15번》을 제외한 나머지 3곡의 첫 악장은 모두 느린 악장이다. 베토벤은 이미 창작 초기부터 첫 악장이 빠르게 시작하는 전형과는 다른 시도를 보인 것이다. 뿐만 아니라 '월광 소나타'라는 제목으로 잘 알려진 《피아노소나타 제14번》의 첫 악장은 느린 환상곡풍으로 작곡되었다. '환상곡풍의 소나타'라고 불리는 이 작품의 첫 악장이 소나타악장형식이 아닌 3부형식으로 구성되면서, 고전적인 소나타형식 구조를 따르지 않고 있다.

베토벤, 《피아노소나타 제14번》(월광), 제1악장

이와 같이 1801년부터 시작하여 베토벤의 중기와 후기 창작은 이제 전통을 넘어 독창적인 음악세계로 넓어진다. 그의 선배들인 하이든과 모차르트의 벽을 넘어 자신만의 '새로운 길'을 개척해 가던 이 기간에 베토벤은 다양한 장르의 작품을 작곡하였다. 그 가운데 피아노소나타도 5곡(23번, 25번, 26번, 30번 그리고 31번)이 작곡되었는데, 3악장으로 구성된 이 작품들은 외형적으로 고전적인 소나타형식 악장구조를 그대로 따르는 것처럼 보인다. 이런 구성은 초기와 중기 몇몇 피아노소나타 악장구조와 연결할 수 없었던 헤겔의 변증법과의 연결을 다시금 가능하게 한다.

표 2에서 볼 수 있듯이, 이 작품들의 악장 간 조성관계는 제1악장 으뜸조(정), 제2악장 관계조(반) 그리고 마지막 악장에서 으뜸조(합)로 돌아오는 모습을 보인다. 이는 표면적으로 계몽의 체계인 동일성의 사고와 연결하기에 별 문제가 없다. 그러나 조금 더 분석적으로 들여다보면, 조성관계가 약간 다르게 배치된 것을 알 수 있다. 소나타형식으로 이루어진 작품에서 두 번

피아노소나타	제1악장 형식 및 조성	제2악장 형식 및 조성	제3악장 형식 및 조성
23 번	소나타악장형식 f	변주 D♭	소나타악장형식 f
25 번	소나타악장형식 G	3 부 형식 g	론도형식 G
26 번	소나타악장형식 E♭	2 부 형식 c	소나타악장형식 E♭
30 번	소나타악장형식 E	소나타악장형식 e	변주 E
31 번	소나타악장형식 A♭	3 부 형식 F	푸가 A♭

[표 2] 베토벤 중 · 후기 3악장 구성 피아노소나타들의 조성 관계

째 악장의 조성은 첫 악장의 조성과 친족관계라 할 수 있는 관계조로 '반'을 이루는 것이 원칙이다. 그러나 《피아노소나타 제23번》(1804-1806)과 《피아노소나타 제31번》(1821-1822)의 제2악장은 각각 첫 악장의 으뜸조와 거리가 있는 조성, 사촌들이 혼인한 사돈 정도로 거리가 있는 조성을 가지고 있다. 조금 더 자세히 살펴보자. 두 작품의 두 번째 악장이 소나타형식에 근거하여 조성을 가지려면, 다음과 같은 조성 안에서 선택되어야 한다. 《피아노소나타 제23번》의 제1악장 조성이 f단조이기 때문에 두 번째 악장의 조성은 첫 악장 조성의 친족 범위에 속하는 관계조인 나란한조 A♭장조, 딸림조 c단조, 버금딸림조 b단조, 같은으뜸음조 F장조 중에 하나이어야 한다. 그리고 《피아노소나타 제31번》의 제1악장 조성이 A♭장조이므로 두 번째 악장 조성은 제1악장 조성의 관계조인 나란한조 f단조, 딸림조 E♭장조, 버금딸림조 D♭장조, 같은으뜸음조 a♭단조에 속하는 것이 원칙이다. 그러나 두 소나타의 제2악장 조성으로 베토벤은 이 원칙을 벗어난 D♭장조(제23번 소나타)와 F장조(제31번 소나타)를 각각 선택했다. 이는 '조성이 음악에서 이성에 의해 작동되는 지배의 원리이자 체계'임을 대변하는 소나타형식을 벗어난 변화와 발전이라 할 수 있다. 감상자의 입장에서는 이와 같은 분석 내용이 이해하기에는 조금 어렵

지만, 베토벤이 이러한 조성 선택으로 전통적인 틀을 벗어나 새로운 방향을 제시했다는 점을 확인할 수 있다.

조성관계에서 뿐만 아니라 베토벤은 또 다른 새로움을 세 번째 악장에서 보여주었다. 《피아노소나타 제31번》의 제3악장이 바로크시대 음악형식을 대변하는 푸가(Fuga)로 작곡되었다는 점에 주목할 필요가 있다. 《피아노소나타 제31번》 제3악장 뿐 아니라, 《피아노소나타 제29번》(Op. 106, 1818, '함머클라비어') 제4악장에서의 푸가 수용을 고전주의 반대 개념인 자유주의 사상으로서의 '낭만주의'로 해석하기에는 무리가 있다. 오히려 베토벤은 후기 창작에서 새로움뿐만 아니라 전통적인 기법을 재해석하며 자신의 음악세계의 폭을 더욱 넓혀가고 있던 것이다. 이런 면은 낭만주의시대에 새로움만을 추구하던 것이 아니라, 전통을 재해석하고 수용하며 낭만적인 자유로움과 창의성을 융합시키려던 것으로 이해할 수 있다.

미주

1. 나폴레옹의 등장으로 왕정이 위협받자 비엔나에서 유럽의 열강들이 혁명에 대한 대비를 의논했는데, 이를 역사에서는 빈 체제라고 한다.

2. 다비드는 '자유와 평등의 벗'을 모토로 했던 프랑스대혁명 당시 가장 유명했던 정치 단체인 자코뱅당 당원으로 활동했다.

3. 《테니스 코트의 서약》은 프랑스대혁명 직전 삼부회에서의 신분적 갈등으로 발생한 사건으로 제3신분이 테니스 코트에 모여 전 국민을 대표하는 의회임을 선언하는 내용을 담고 있다. 다비드는 이 그림을 완성하지 못했으며, 현재 루브르미술관에 보관중이다.

4. 다비드는 나폴레옹이 워털루 전투에서 패하고 세인트 헬레나섬에 유배된 1815년에 브뤼셀로 망명했다. 망명 후 그는 나폴레옹을 따랐던 망명자들 초상화도 그렸고, 《호라티우스 형제의 맹세》와 같이 신화적 장면을 소재로 창작했다. 이런 소재의 선택이 그의 화풍을 신고전주의로 볼 수도 있게하지만, 사랑을 소재로 한 신화적 장면은 낭만주의 화풍으로 해석할 여지를 준다.

5. "작곡가로서의 베토벤은 계몽의 탈신화화로서 음악의 자율성을 성취한다. 즉, 음악의 사회적, 문화적 기능으로부터의 해방에서 베토벤의 인간성(humanity)이 시작되었는데, 특히 종교에 봉사하는 음악에서 벗어남으로써 인간은 더 이상 신의 이미지를 만들지 않고 과거를 탈신화하면서 그의 고유한 진리를 만들고 주어진 운명에 순응하는 대신 맞서게 된다. 이러한 맥락에서 베토벤이 만들어내는 음악에서의 "형식 법칙" 자체가 음악적 탈신화의 활동, 즉 계몽의 한 종류라고 할 수 있다." 이은수, "아도르노의 역사철학적 시각으로 본 조성 개념", 98.

6. '보나파르트'라는 제목을 지운 흔적을 사람들은 과도하게 지워서 찢어진 악보 표지에 남은 자국으로 설명한다.

7. D. Grout, D. Palisca, J. P. Burkholder/민은기 외 5인 역, 『그라우트 서양음악사 하』, 이앤비플러스, 2007, 31.

8. 발터 리츨러/나주리, 신인선 공역, 『베토벤』, 음악세계, 2007, 203.

9. 리츨러는 이 교향곡 제1악장이 고전주의 소나타악장형식을 근간에 두고 있지만 유일하게 제1주제를 갖지 않았다고 분석하고 있다. 발터 리츨러/나주리, 신인선 공역, 『베토벤』, 381.

10. 아서 골드워그/이경아, 남경태, 『이즘과 올로지』, 랜덤하우스, 2009, 223.

11. 이 작품의 배경은 1822년 일어난 그리스 독립전쟁이었다. 전쟁 당시 튀르키예인들이 그

리스 히오스섬의 민가를 약탈하며 불태우고 섬주민들을 학살했던 사건이 있었는데, 들라크루아는 이 잔인한 사건에 대한 경계심과 분노를 그림으로 표현했다.

12. 그런데 여기서 베토벤의 청각장애에 관한 진실을 한번 짚고 갈 필요가 있다. 많은 글이나 영화 속에서 베토벤은 평생 청각을 잃고 살았던 음악가로 묘사되곤 한다. 그렇지만 사실 베토벤이 청각을 완전히 잃은 것은 그의 나이 45세 때쯤이다. 그러니까 젊은 시절부터 청력을 잃어가기 시작했고, 그런 어려움 때문에 그는 늘 고민에 빠져 살았던 것이다. 그래도 아직은 들을 수 있었기에 작곡을 하고 연주를 하며 음악가로서의 명성을 쌓아 갔으며, 피아노를 가르치며 생활을 지속할 수도 있었다. 청각을 완전히 상실하기 전에 작곡한 작품들이 청각을 완전히 잃고 난 이후 작곡한 작품보다 훨씬 많으며, 그런 작품들은 베토벤 스스로 소리로 확인하며 작곡하고 연주했던 것이기에 일반인들이 감상하고 이해하기에도 좋다고 여겨진다. 청각을 잃은 후 작곡한 작품들은 베토벤의 상상과 깊은 사고에서 나온 것들이므로, 음악의 짜임새나 어법이 더욱 깊어지고 완벽해진다. 그래서 감상자들에게는 조금은 어렵게 느껴질 수 있다.

13. 하일리겐슈타트라는 지명은 독일과 오스트리아의 여러 곳에서 찾을 수 있다. 베토벤이 잠시 머물렀던 하일리겐슈타트는 비엔나의 한 지역구에 속하는 곳이다.

14. 전통적인 악장구성을 따르지 않은 작품은 중기 이전에 이미 있었는데, 1795년에 작곡된 op. 49에 속하는《피아노소나타 제19번》과《피아노소나타 제20번》은 모두 두 개 악장으로 구성되었다.

CHAPTER 6.

사람이 사람을 보는 낭만주의 - 감정 표현의 최고 예술, 음악

5장에서 설명한 복잡한 시기 동안 일어난 예술의 모든 흐름을 '낭만주의'로 이야기하지만, 그 안에는 좀 더 자세히 들여다 볼 많은 것들이 있다. 19세기 예술사조를 대표하는 낭만주의는 인간이 인간의 생각과 감정을 진지하게 고려하면서 꽃을 피웠다. 다른 사람의 감정을 배려하고 존중한다는 것은 결국 인간 자체를 평등하고 존엄하다고 인정하게 되었다고 볼 수 있다. 이런 점은 이성을 최고의 성과로 내세웠던 계몽주의의 한계를 넘은 것이다. 이성이 가장 필요하고 중요하다는 계몽의 교훈으로 유럽인들은 교육되었고 그리고 보편적이면서도 독자적인 세계관까지 갖추게 되었다. 하지만 이성이 우선이라는 이면에는 무언가 불합리하고 모순적인 면을 떨치지 못하고 있었다. 결국 인간 대 인간의 평등한 관계가 정립되면서 서로간의 생각과 감정을 인정하게 된 것이다. 이는 바로 전까지의 계몽에 바탕을 둔 유럽 사회의 세계관을 변하게 만들었다. 이렇게 낭만주의는 이성 중심의 세계관과 충돌하며 감성 중심의 새로운 세계관 위에서 이루어진 것이다.

형식과 원칙을 우선했던 고전주의에 비해 낭만주의에는 다양한 특징들이 내포되어 있다. 우선은 이전 시대의 예술적 흐름을 그대로 따르지 않았다. 오히려 고전주의 예술의 경계와 문제를 지적하거나, 수용되지 못했던 많은 요소들을 낭만주의 예술이 담아내었다. 혁명을 기억하는 자유예술인으로서의 삶과 창작 과정 속에서 자유주의 사상을 다양한 방식으로 뛰어나게 표현하는 '천재'들이 등장했다. 마치 들라크루아가 《민중을 이끄는 자유의 여신》에서 상상의 인물로 자유의 여신을 등장시켜 민중 봉기의 성공을 희망했던 것과 같이 현실을 외면하는 비현실의 진리 추구는 천재에 대한 숭배와도 연결된다. 이때부터 예술에서 천재가 보여주는 전형적인 모습에 대하여 인정하고 이야기하며 열광했다. 감수성과 예민함을 담은 천재들의 작품, 그리고 그런 작품을 인정하고 감상하는 사람들도 낭만주의 예술의 진면목과 의미를 경험하게 되었다. 창작을 통해 자신의 천재성을 보여주던 예술가들 그리고 그들의 작품을 가슴으로 감상하던 사람들이 공통으로 관심을 가졌던 주제는 현실적인 것은 아니었다. '신비'나 '영성'을 다룬 낭만적 이야기나 자연과 시골에서의 평안함과 단순함을 추구하는 모습이 작품 속에 담겼다. 또한 민족이나 동족의 결속을 다지면서 민족 해방을 이야기하게 되었고, 이는 국민주의로 연결되면서 낭만주의에서 관심을 가지는 주제의 폭이 한없이 넓어졌다. 인간의 위대함에도 눈을 돌리면서 이전 시기 거장들의 작품을 재발견하고 평가했다. 또한 예술은 지난 역사를 모방하며 발전해 왔다는 근거로 옛 것을 수용하는 역사주의까지 등장하면서 낭만주의시대의 화두는 다양하게 펼쳐졌다. 5장에서 잠깐 언급했던 베토벤의 《피아노소나타 제31번》 제3악장과 《피아노소나타 제29번》 제4악장에서의 푸가 수용이 바로 '음악적 역사주의'이다.

낭만주의의 다양한 면모를 지금까지와 같이 미술과 음악으로만 설명한다면 2% 부족한 면이 있다. 낭만주의에 대한 논의는 19세기 문학가들의 글 속에서 진지하게 이루어졌기 때문이다. 본 장에서는 미술과 음악뿐 아니라, 19세기 문학가들의 사상을 들여다보면서 낭만주의에 대한 이해를 이끌어보고자 한다.

1) 역사주의와 예술

과거 거장들 작품의 재발견은 역사주의적 측면에서 베토벤과 같이 창작에 그리고 연주문화에 중요한 역할을 했다. 음악 창작에서 가장 완벽한 형식이자 기법으로 손꼽히는 것은 단연 푸가이다. J. S. 바흐에 의해 방법과 원칙이 완벽하게 완성된 푸가는 이후 모든 작곡가들에게 커다란 영향을 끼치게 된다. 소나타형식으로 구성된 작품의 마지막 악장을 푸가로 작곡한 것을 베토벤의 피아노소나타에서 확인했지만, 그 이전에 하이든의 작품에서도 찾을 수 있다. 피아노를 위한 작품이 아니라 네 대의 현악기들이 어우러져 연주되는 현악4중주 작품(op. 20의 제2번, 5번 그리고 6번의 제4악장)에서 하이든은 4성부의 짜임새를 위해 푸가기법을 적용했다.

베토벤이 바로크시대의 대표적인 형식이자 기법인 푸가를 소나타형식과 결합했다면, 멘델스존(Felix Mendelssohn Bartholdy, 1809-1847)은 피아노를 위한 《6개의 프렐류드와 푸가》(Sechs Präludien und Fugen, op. 35, 1832-37)를 작곡하여 바흐 《평균율 클라비어곡집》 수용을 확실히 보였다. 바흐가 《평균율 클라비어곡집》에서 반음 간격의 24개 조로 프렐류드와 푸가를 작곡했지만, 멘델스존은 6개 쌍으로 곡의 수를 줄였다. 뿐만 아니라 멘델스존은 프렐류드와 푸가의 조성을 자유롭게 택했다. 이와 같이 푸가를 재해석하고 수용한 경우는 베토벤과 멘델스존뿐 아니라, 비중의 차이는 있지만 19세기 작곡가들의 작품 안에 상당히 많이 나타난다.

　　음악에서의 역사주의적 현상은 낭만시대 초기부터 후반기까지 폭넓게 나타났으므로 19세기 말 작품을 하나 더 예를 들어볼 수 있다. 프랑스 작곡가 포레(Gabriel Fauré, 1845-1924)는 르네상스시대 춤곡을 재수용했다. 서정적이고 낭만적인 분위기의 선율 작곡가로 알려진 포레가 작곡한 《파반느》(Pavane, op. 50, 1887)는 아름다운 선율을 담고 있는 작품이다. 포레는 오케스트라뿐 아니라 합창까지 포함된 편성이 큰 이 작품을 작곡하면서 르네상스시대 스페인 궁정 춤곡인 파반느의 명칭을 그대로 사용했다. 르네상스시대의 파반느는 우아한 분위기를 가진 2박자 계통의 느린 춤곡으로 당시 궁정에서 사랑받았는데, 포레가 그런 분위기를 낭만적인 어법으로 재해석한 것은 음악적 역사주의의 한 예를 보인 것이다.

포레, 《파반느》

　　낭만주의시대 나타난 다양한 현상들 가운데, 창작에서의 역사주의는 편곡으로도 나타났다. 그 대표적인 예로는 프랑스 작곡가 구노(Charles Gounod, 1818-1893)가 바흐의 《평균율 클라비어곡집 제1권》 중 첫 곡의 〈프렐류드 C 장조〉 선율을 직접 인용하여 작곡한 《아베 마리아》(Ave Maria, 1853)를 들 수 있다. 구노는 이 곡을 멘델스존의 누이인 파니 멘델스존(Fanny Mendelssohn, 1805-1847)이 연주하는 바흐의 평균율곡집 연주를 듣고 즉흥으로 작곡했다. 바흐의 곡을 반주로 하여 구노가 바이올린 선율을 작곡하였는데, 그 조화로움은 마치 이 곡의 반주가 선율과 함께 만들어졌을 거라는 착각을 주기도 한다.

 구노, 《아베마리아》

　음악에서의 역사주의적 관점을 창작이 아닌, 연주 문화와도 연결할 수 있는데, 그 예를 멘델스존의 업적에서 찾을 수 있다. 멘델스존은 1829년 바흐의 《마태수난곡》(Matthäuspassion)[1]을 연주하면서 이 작품을 다시 세상에 알렸다. 이 연주는 이후 바흐 음악의 부흥기를 맞이하는 중요한 계기가 되었다. 멘델스존은 1829년 당시 시대적 감각을 고려한 재해석으로 작곡된지 100년 이상이 지난 바흐의 원작을 약간 축소 편집하여 연주했다.

　바흐의 음악을 소환하는 역사주의 행보는 연주에서는 멘델스존을 꼽지만, 이론적인 면에서는 이미 훨씬 이전부터 나타났다. 독일 출신의 음악학자 포르켈(Johann Nikolaus Forkel, 1749-1818)은 바흐의 생애와 작품에 대한 문헌 『요한 세바스찬 바흐의 생애, 예술 그리고 작품에 대하여』(Über Johann Sebastian Bachs Leben, Kunst und Kunstwerke)를 1802년에 출판했다. 포르켈의 저서를 시작으로 바흐에 대한 학문적 재조명이 본격화되었다. 포르켈은 바흐뿐만 아니라, 헨델, 북스테후데(Dieterich Buxtehude, 1637-1707), 쿠프랭(François I. Couperin, 1631-1701) 등 바흐와 동시대에 활동했던 음악가들이나 C. P. E. 바흐(Carl Phil. Emanuel Bach, 1714-1788)를 비롯한 J. S. 바흐의 아들들까지 언급하며 바흐 시대를 정리하였다. 이와 같은 작업은 19세기 음악가들에게 이전 시대의 음악을 관심 있게 돌아볼 수 있는 충분한 자료가 되었을 것이다.

　음악 역사주의의 모습을 확인할 수 있는 것은 단순히 예전 작품을 재수용하는 것만이 아니었다. 19세기 피아노의 기교주의적 작품과 연주로 유명했던 리스트(Franz Liszt, 1811-1886)의 작품 하나에는 J. S. 바흐의 이름이 들어 있다. 리스트가 작곡한《바흐 이름에 의한 프렐류드와 푸가》(Präludium und Fuge über das Motiv B-A-C-H, S. 260, 1855)는 바로크 음악의 거장 바흐 이름의 알파벳을 음이름으로 바꾼 동기로 만들어졌다. 바흐를 인용한 작품은 리스트처럼 이름의 철자를 직접 인용한 것 외에도, 바흐 작품을 그대로 가져다가 또 다른 요소를 추가하여 새로운 작품으로 탈바꿈시키기도 했다.

19세기 음악문화, 즉 창작, 연주 그리고 음악연구에서 확장되는 역사주의 음악관을 미술과 연결해 본다면, 4장에서 설명했던 신고전주의 회화일 것이다. 19세기 음악에서의 파반느와 같은 르네상스 춤곡 그리고 바로크 음악양식 푸가의 수용은 4장과 5장에서 설명했던 다비드의《호라티우스 형제의 맹세》(4장, 그림 4)와 앵그르의《루이 13세의 성모에의 맹세》(5장, 그림 5)에 담긴 옛 양식 수용과 비교된다.

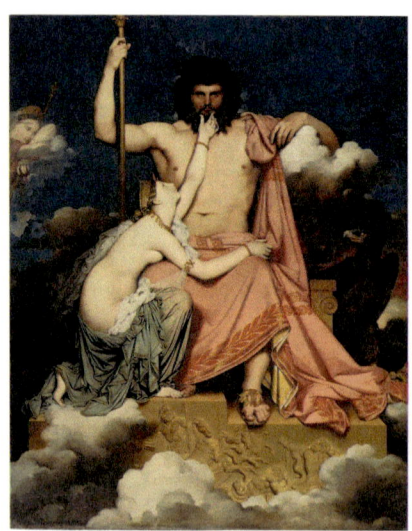

[그림 1] 앵그르,《주피터와 테티스》

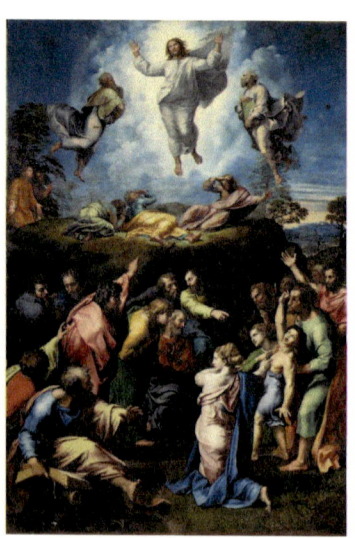

[그림 2] 라파엘로,《그리스도의 변용》

앵그르의《루이 13세의 성모에의 맹세》는 르네상스 3대 거장 중 한명인 라파엘로의《그리스도의 변용》(The Transfiguration, 1516-20)에서와 같이 정중앙에 핵심 오브제를 두었다(5장 그림 5와 6장 그림 2, 비교). 라파엘로의 그림 정중앙에는 승천하는 예수를 두었고, 앵그르의 그림 중앙에는 성모자 즉, 마리아와 아기예수를 두고, 이를 중심으로 좌우대칭과 삼각구도를 보여준다. 앵그르가《루이 13세의 성모에의 맹세》에서 보여 주었던 '좌우대칭과 삼각구도로 안정된 중량감'있는 구도는 신화에서 오브제를 가져온《주피터와 테티스》(Jupiter and Thetis, 1811)에서도 찾을 수 있다(그림 1). 라파엘로나 앵그르가 보여준 기법이나 예술적 사고를 비교할 때, 미술에서의 신고전주의 경향은 음악에서의 역사주의와 같은 관점으로 볼 수 있다.

2) 낭만주의 · 환상과 이상

음악에서 찾을 수 있는 역사주의로 이야기가 잠시 벗어났으나, 다시 낭만주의시대의 자유주의 사상을 음악작품을 통해 찾아보려 한다. 고전주의적 형식을 완벽하게 정립한 토대에 자유주의적 사상을 음악적으로 분명하게 보여준 작곡가는 위에서 언급한 것처럼 베토벤이다. 자유주의적 사상이라 해서 철학적인 의미의 거창한 개념이 아니라, 여기서는 작곡가의 자유로운 창작사고로 보는 것이다. 베토벤은 '교향곡'이란 고전시대 대표적 장르의 개념을 벗어나 '새로운 길'을《교향곡 제9번》(Op. 125, d단조, 1822-24, '합창')에서 제시하였다. 여기서 말하는 새로운 길이란, 완벽한 관현악을 위한 음악의 결정체인 교향곡에 성악을 첨가한 것을 말한다. 이 교향곡의 마지막 악장에 베토벤은 실러(Friedrich von Schiller, 1759-1805)의 시《환희에 붙임》(An die Freude)을 가사로 한 성악(독창과 합창)을 첨가하면서 교향곡과 칸타타를 접목했다. 자신의 이상과 신념에 따른 음악적 완성을 위해 베토벤은 이렇게 전통적인 장르의 틀을 깨는 자유로운 사고를 실행했던 것이다. 그의 말년 작품에서는 그런 모습을 조금 더 자주 찾을 수 있다. 《합창교향곡》 이후 작곡된 그의 후기 《현악4중주 제13번》(Op. 130, 1825-6), 《현악4중주 제14번》(Op. 131, 1825-6), 《현악4중주 제15번》(Op. 132, 1824-5)의 악장 구성은 기존의 4악장 체제를 벗어나 있다.[2] 순서대로 각각 6악장, 7악장 그리고 5악장으로 구성한 것도 베토벤이 '신화화된' 소나타형식을 벗어나 계몽의 지속적인 발전을 보여준 것이다.

낭만주의시대에는 계몽의 지속적인 발전과 동시에 그것에서 벗어나는 자유로운 생각과 행동이 공존하였다. 프랑스대혁명에서 사람들을 열광케 했던 슬로건도 여전히 빛이 바래지 않은 채 있었지만, 실제 생활에서 혁명의 슬로건과 사람들의 현실에는 커다란 간격이 나타났다. 모든 사람들이 평등한 것은 아니었고, 그들이 가졌던 희망은 점차 의심과 환멸로 변하기도 했다. 이 시대의 예술가들은 이처럼 예상치 못했던 상황을 마치 사회악처럼 다루었고, 다른 한편으로는 '낭만적'으로 해석했다. 그들이 사용한 개념은 '낭만적'(romantic)이라는 형용사의 모체인 '로망스'(romance)이었는데, 이 단어에 '전설적이고 경이로운 신비, 무한한 동경, 비현실적인 환상과 이상'과 같은 의미를 부여하여 사용한 것이다. 낭만적 사고의 자유로운 표현은 음악에서 보다는 미술과 문학에서 훨씬 더 분명하게 볼 수 있다.

베토벤과 같은 시기에 살았던 독일 출신의 프리드리히(Caspar David Friedrich, 1774-1840)의 회화작품은 분명 이전과는 다른 경향을 보여주고 있다. 앵그르의 《주피터와 테티스》와 같은 해에 그려진 프리드리히의 《안개 바다 위의 방랑자》(Der Wanderer über dem Nebelmeer, 1818)에서는 자연에 대한 숭고함과 위대함, 이를 대하는 인간의 경외심을 느낄 수 있다(그림 4). 프리드리히의 《참나무 밑의 수도원》(Abtei im Eichwald, 1810)은 앙상한 가지만 남은 고목에 둘러싸인 폐허가 된 사원에서의 장례식 장면을 담고 있다(그림 3). 폐허가 된 수

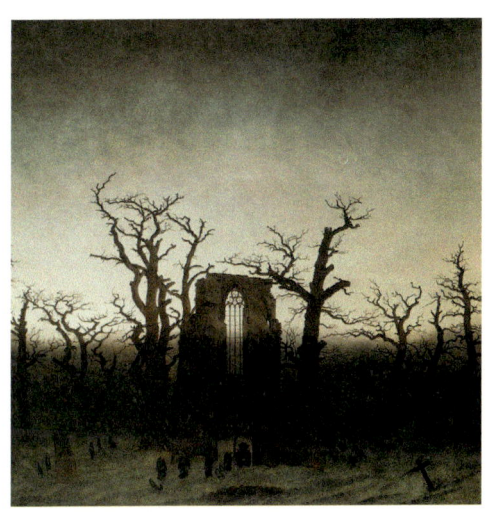

[그림 3] 프리드리히 《참나무 밑의 수도원》

도원의 모습에서 세월의 무상함을 그리고 인간의 죽음을 소재로 한 이 그림에서 멜랑콜리를 느끼게 하는 프리드리히의 세계관이 드러난다. 《안개 바다 위의 방랑자》와 같은 해에 그려진 《뤼겐의 백회 절벽》(Kreidefelsen auf Rügen)에서도 프리드리히 사고의 독창성을 볼 수 있다. 그림 4와 5는 자연을 그려낸 단순한 풍경화라기보다는, 프리드리히가 바로크와 고전주의 풍경화의 전통을 분명하게 단절하는 방법을 혁명적으로 보여준 것으로 평가된다. 이 그림들의 주제와 모티프의 정경은 풍경과 종교를 결합하며, 외로움, 죽음, 내세에 대한 개념 및 구원의 희망에 대한 내용을 담고 있다.

　　프리드리히의 풍경화에서는 특정 종교로 설명되지 않는 자연에 대한 무한한 동경이 표현되고 있다. 그의 풍경화에 대한 이런 평가는 부인, 남동생과 함께 여행한 뤼겐섬의 백회색 절벽을 보고 그린 《뤼겐의 백회 절벽》에 대한 아래의 해석을 가능하게 한다.

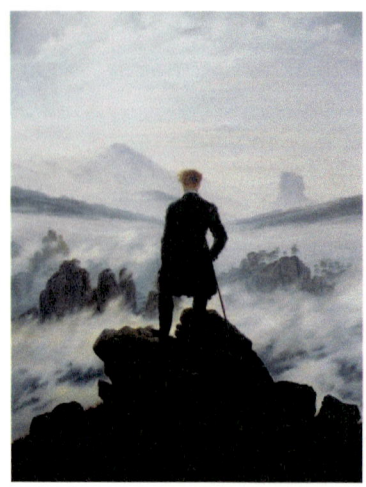
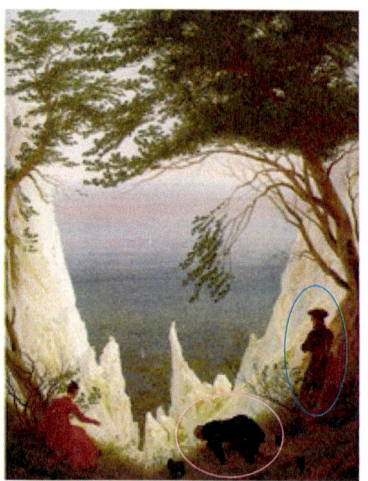

[그림 4] 프리드리히 《안개 바다위의 방랑자》　　**[그림 5]** 프리드리히 《뤼겐의 백회 절벽》

"흰 분필 같은 삐죽 솟은 산봉우리들이 튀어나온 절벽 사이로 넓은 바다가 펼쳐져 있다. 모자를 벗은 사나이(그림 5, 분홍색 동그라미)는 대자연 앞에서 창조의 두려움과 신비에 엎드려 경의를 표한다. […] 나뭇가지에 가려진 투명한 하늘은 빛과 대기에 차 있어 신의 권능과 영원을 상징한다. […] 바다는 모든 생명의 근원으로 끝이 보이지 않는 수평선 너머 무한으로 이어져 있다. 앞쪽 바다에는 하늘과 나무의 그림자가 투영되어 청색과 녹색이 녹아있는데, 이는 인간의 무한한 갈망의 감정을 보여준다. 오랜 세월 동안의 풍화작용 속에서 마멸된 흰 절벽과 나무들과 풀은 퇴화와 생성의 무상함을 보여주는 증거이다. 죽은 나무뿌리에 기대어 명상하는 예술가(그림 5, 하늘색 동그라미)도 다가오는 인생의 피할 수 없는 숙명을 명상하고 있는지도 모른다."[3]

현실과 이상의 괴리감 그리고 그로 인한 도피의 수단으로 찾게 되는 환상 세계에 대한 추구는 19세기 낭만주의 문학에서 즐겨 사용되던 주제이기에 지금까지의 구성과 달리 문학작품을 잠깐 다룰 수밖에 없다. 문학작품에서 환상이나 상상 또는 신비로운 소재를 다룬 경우는 적지 않다. 예를 들어, 바이런(George Gordon Byron, 1788-1824)의 『돈 후안』(Don Juan, 1819-1824)은 전설에서 환상이나 이상과 같은 소재를 가져온 것이다. 독일의 작가이자 작곡가인 호프만의 작품에서도 '환상문학'으로도 불리는 낭만주의 안에서의 자유롭고 환상적인 표현을 찾을 수 있다.

호프만은 특히 낭만주의 작곡가들의 작품에 자주 등장한다. 그의 첫 문학작품 『칼로풍의 환상집』(Fantasiestücke in Callot's Manier, 1815)은 모두 9개의 작품을 묶은 것이다. 그 가운데 세 번째 작품은 13개의 단편으로 구성된 「크라이슬레리아나」(Kreisleriana)[4]이다. 그리고 1821년에 발표한 장편 『수고양이 무르의 인생관』(Lebens-Ansichten des Katers Murr)[5]의 두 번째에 「카펠마이스터 요하네스 크라이슬러」(Kapellmeister Johannes Kreisler)가 삽입되어 있다. 『칼로풍의 환상집』과 『수고양이 무르의 인생관』에서 호프만은 비현실적인 환상과 이상 그리고 그 둘의 충동을 그려냈다. 호프만은 「카펠마이스터 요하네스 크라이슬러」의 제목을 「크라이슬레리아나」에서 낭만주의 예술가 상으로 그렸던 인물의 직업과 이름을 다시 사용했다. 이 작품들 속 주인공인 크라이슬러라는 동일 인물은 음악을 상당히 좋아했던 호프만[6]의 제2의 자아로 불린다.[7] 좋아하는 음악가를 글로 표현할 때 글쓴이는 음악가의 인간성이나 작품의 예술적인 면을 쓰는 것이 일반적이다. 그러나 호프만은 크라이슬러를 최고의 예술가로 보기보다는 한 사람의 인간으로 글 속에 표현한다. 그래서 호프만은 자신의 작품에서 계몽주의가 가져다 줄 것이라 믿었던 인간의 해방이 이루어지지 않고, 오히려 인간 소외를 가져온 시민사회 그리고 그 속에서 고립된 예술가 크라이슬러의 고뇌를 다루고 있다. 호프만은 초기작부터 크라이슬러라는 음악가를 자신의 곁에 두었고, 오랜 시간이 지난 뒤에도 그 음악가를 늘 염두에 두고 있었을 것이다.

호프만은 『수고양이 무르의 인생관』에 파지로 삽입한 「카펠마이스터 요하네스 크라이슬러」 단편을 통해 속물적 교양시민(Bildungsbürger)[8]과 함께 살아가야 하는 예술인의 서로 다른 면을 보여주고 있다. '자연법칙으로 실재할 수 없는 존재, 즉 환상적 존재'인 고양이 무르는 '자신의 본성을 거부하고 현실에 적응하고 안주할 목표를 가지고 자화자찬에 빠져' 인생을 살아간다. 반면에 유명한 음악가이자 카펠마이스터(악장)라는 직업을 가진 크라이슬러는 문학, 철학, 음악과 같은 교양의 가치를 단지 출세를 위한 수단으로 여기는 속물적 시민사회에서 벗어나지 못하면서도, '자신의 본질에 충실하면서

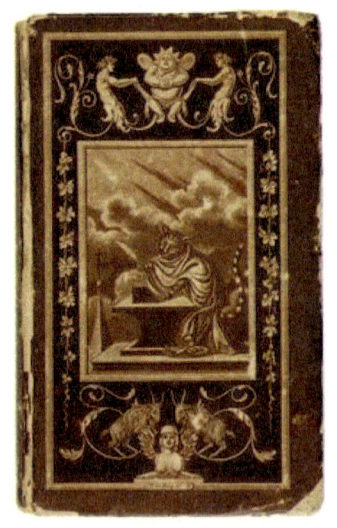

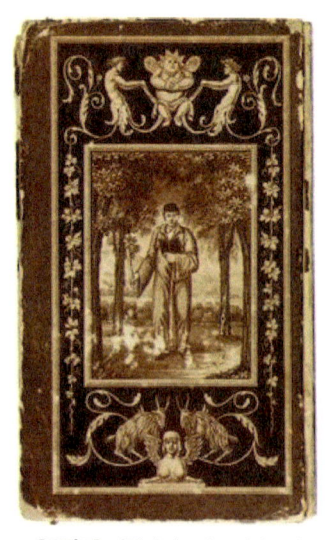

[그림 6] 수고양이 무르   [그림 7] 카펠마이스터 크라이슬러

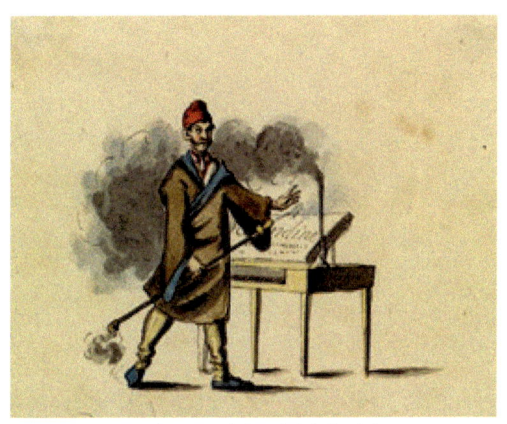

[그림 8] 「크라이슬레리아나」 삽화

이상만을 좇음'으로 내적으로 분열되는 열정적인 예술가로 그려진다.

호프만은 『수고양이 무르의 인생관』에 서로 다른 의미의 삽화를 처음과 마지막 페이지에 그려 넣었다. 이 삽화를 통해 속물적 교양시민과 예술가를 비교해 보이는 듯하다. 1부 첫 페이지에는 펜을 들고 무언가를 적고 있는 고양이 무르의 모습(그림 6)을 그리고 마지막 페이지에는 음악을 부수적인 것으로 여기는 살롱에서 연주해야 하는 크라이슬러를 마치 수도사처럼(그림 7) 호프만이 직접 그려 넣었다.

이 두 삽화는 왜 무르를 환상적 존재로 이야기하는지를 그리고 환상의 이원성에 기인하는 크라이슬러의 고뇌에 찬 모습을 담고 있다. 이러한 해석의 이유를 『칼로풍의 환상집』에 포함되었던 「크라이슬레리아나」에 호프만이 직접 그려 삽입한 크라이슬러 삽화에서도 찾을 수 있다. 스피넷(Spinet)으로 추측되는 건반악기를 배경으로 실내복을 입고 파이프 담배를 피우는 듯한 크라이슬러의 모습은 진정한 예술을 추구하는 고고하고 신비한 예술가에 대한 상상을 주기보다는 오히려 현실적이다(그림 8). 호프만이 자신의 소설 속 크라이슬러를 자신의 분신으로 여겼다고 하는 주장은 스피넷 위에 놓인 호프만이 작곡한 오페라 《운디네》(Undine) 악보가 뒷받침해준다.[9]

현실을 벗어나지 못하면서 이상을 쫓는 크라이슬러에 대한 묘사는 「크라이슬레리아나」에서 처음부터 읽을 수 있다. 『칼로풍의 환상집』의 시작 부분에 호프만은 '궁정시인이 쓴 오페라 대본의 작곡을 거절해서 악장이라는 직책에서 쫓겨나는 인물'[10]이라며 크라이슬러를 묘사하고 있다. 크라이슬러에 대한 이런 묘사는 궁정으로부터 안정적이고 든든한 후원을 받지만, 그에 따르는 수행 의무와 업무를 거부한 채 자신의 순수한 예술음악을 추구하고자 하는 이상의 괴리감을 보여준다. 스스로 궁정의 후원을 벗어나 자유예술인으로 살 용기도 없으면서, 당시에 유행하는 음악은 작곡하지 않겠다는 모순으로 인해 크라이슬러는 결국 자기 의지로 궁정악장의 자리를 버리지 못하고 쫓겨나고 마는 비참한 처지가 된다.

3) 음악에 담긴 이중자아 - 현실과 이상의 충돌

호프만이 문학작품 속 주인공으로 크라이슬러의 모순적 삶, 즉 이중자아(double ego)를 그려냈다면, 음악작품에서도 이중자아에 대한 표현을 찾을 수 있다. 예를 들어, 슈베르트(Franz Schubert, 1797-1828)와 슈만(Robert A. Schumann, 1810-1856)은 각자 다른 장르의 작품에서 이중자아에 대한 관심을 음악적으로 드러냈다.

'가곡의 왕'으로 불리는 슈베르트는 수많은 단편 가곡 외에 연가곡으로 세 개의 작품을 남겼다. 그 가운데 그의 생애 마지막 해인 1828년에 작곡한 《백조의 노래》(Schwanengesang, D. 957)는 자이들(Johann Gabriel Seidl, 1804-1875)의 시 1편, 렐슈타프(Ludwig Rellstab, 1799-1860)의 시 7편 그리고 하이네(Heinrich Heine, 1797-1856)의 시 6편을 가사로 한 가곡 14곡이 묶인 연가곡집이다. 이 연가곡집의 13번째 곡으로 수록된 〈이중환영〉(Doppelgänger)은 하이네『노래의 책』(Buch der Lieder, 1827) 중 「귀향」(Heimkehr)의 '밤은 조용하고 거리도 조용하네'(Still ist die Nacht, es ruhen die Gassen)로 시작하는 20번째 시에 노래를 붙인 곡이다. 낭만주의 시의 정수를 보여준 하이네의 삶과 연결해 볼 때, 이 시집의 주제인 불행한 사랑은 아마도 사촌여동생 아말리에(Amalie)와의 이루지 못했던 사랑이야기로 여겨진다. 슈베르트 〈이중환영〉의 텍스트는 이런 하이네의 열정적인 사랑과 실연을 그대로 담고 있다. 시의 화자는 자신이 사랑했던 여인의 집을 바라보며 '그 여인이 이 도시를 떠났는데 그 집은 여전히 서 있네!'라고 하면서 아주 객관적으로 회상한다. 그 순간 화자는 고통으로 손을 비비면서 그 집 앞에 서 있는 또 다른 남자를 발견한다. 그 남자의 형상이 달빛으로 드러났을 때, 그 남자가 화자 자신임을 알게 된다는 것이 시의 내용이다. 호프만의 소설에서처럼 현실과 그것을 부정하는 한 인간의 이원성에 기인하는 고뇌가 바로 하이네 시의 주제이다. 화자도 인지하지 못하고 있던 변하지 않는 여인에 대한 사랑을 슈베르트는 오스티나토 베이스 주제(전주로 연주되는 네 마디가 곡이 끝날 때 까지 고집스럽게 반복)로 표현했다. 반면에 사랑이 이미 끝났음에도 그 슬픈 사랑을 흉내 내고 있는 화자의 또 다른 자아, 즉 분열된 자아를 곡의 후반부에서 불협화음과 반음계적 진행으로 노래하였다.

슈베르트, 〈이중환영〉

슈만은 호프만의 「크라이슬레리아나」와 같은 제목으로 피아노를 위한 모음곡《크라이슬레리아나》(Kreisleriana, op. 16, 1838)를 작곡했다. 13개의 원작을 여덟 곡으로 작곡한《크라이슬레리아나》에서 호프만이 글로 담아 놓은 이중자아를 슈만이 음악적으로 표현했음을 동일 제목으로 가늠해볼 수 있다. 음악으로 이중자아를 담아내기 이전에 슈만은 음악비평문에 자신의 이중 천성을 언급했다. 그는 1831년 7월 1일 일기에 자신 속에 내재된 상반된 성격의 두 인물을 아래와 같이 소개했다.

> "오늘부터 아주 새로운 인물들이 일기장에 등장한다. 나의 가장 친한 친구 두 명인데, 나도 아직 본 적이 없다. 그들은 플로레스탄(Florestan)과 오이제비우스(Eusebius)이다"[11]

플로레스탄과 오이제비우스라는 슈만의 이중자아 이름은 1831년 12월 라이프치히 『일반음악신문』(Allgemeine musikalische Zeitung)에 실은 쇼팽(Frédéric Chopin, 1810-1849) 작품에 대한 비평문[12]에 처음 등장한다. 이후 단편적으로 등장하던 슈만의 이중자아는 1833년 그가 조직한 가상의 단체 '다비드동맹'(Davidsbündler) 일원으로 등장했다. 그리고 이듬해인 1834년 『음악신보』(Neue Zeitschrift für Musik) 발간과 함께 슈만은 플로레스탄과 오이제비우스 이름을 사용하면서 비평가로서 활동했다. 이에 대한 슈만의 글을 인용해보면 아래와 같다.

> "이 조직[다비드동맹]은 예술관의 다양한 관점들을 표현하고, 적절하고 대조적인 예술가의 유형을 창조한다. 그 중에서 플로레스탄과 오이제비우스가 가장 중요한 인물이고, 이들을 중재하는 역할을 하는 마이스터 라로[슈만의 스승이자 클라라의 아버지인 비크]가 있다. 이 다비드동맹은 마치 하나의 주체(主體)처럼 그 간행물[음악신보]를 통해 '진실과 시'(Wahrheit und Dichtung)를 해학적인 방식으로 이끌었다."[13]

슈만은 자신의 이중자아로 설정한 가상 인물들을 대조적인 성격으로 표현했다. 플로레스탄은 '천성적으로 힘이 넘치고, 열정적이며, 풍자와 아이러니'를 즐기는 존재로, 그리고 오이제비우스는 '명상적이고 숙고하며, 부드럽고 섬세한 성격의 소유자'[14]로 그려졌다. 가상의 조직인 다비드동맹 일원인 두 인물들은 또 다른 가상의 존재로서 '창의성이 결여된 속물적, 소시민적'인 필리스터(Philister)를 타도할 목적을 가지고 『음악신보』의 주축으로서 '음악적 진보'를 대변한다. 상대적인 성격의 가상인물들에 의한 가상조직을 구성하고, 그것을 음악비평문을 통해 사실화했던 슈만의 그로테스크한 환상과 광기, 신랄한 풍자는 호프만의 영향으로 볼 수 있다. 이 두 예술가는 각기 특정한 인물을 설정하여 이중자아를 표현했는데, 호프만은 카펠마이스터 크라이슬러를 그리고 슈만은 플로레스탄과 오이제비우스를 내세운 것이다. 하지만 이 두 예술가들이 설정한 이중자아의 가상인물들은 같은 맥락에 있다.

호프만의 작품과 동일한 제목을 가진 성격소품《크라이슬레리아나》이전에 작곡한《카니발》(Canaval, op. 9, 1835)을 비롯해 18곡으로 구성된《다비드동맹 무곡》(Davidsbündlertänze, Op. 6, 1837)에서도 슈만은 가상인물이지만 마치 현실에서 살아 있는 듯이 움직이는 또 다른 자아를 그로테스크한 환상으로 그려냈다.

슈만의 이중자아를 이야기하는 대표적인 이 세 작품 가운데 가장 먼저 작곡된《카니발》에서 이미 작곡가는 자신의 의도를 분명하게 드러냈다. 가면을 쓰고 즐기는 축제 행진을 제목으로 하는《카니발》에 슈만은 콤메디아 델라르테(Commedia dell`arte)[15]에 등장하는 광대들뿐 아니라, 쇼팽이나 파가니니(Niccolò Paganini, 1782-1840) 등 그의 주변 작곡가들 그리고 자기 자신까지 각 곡의 제목으로 만들어 그 행렬에 포함시켰다. 슈만은《카니발》에 자기 자신의 이중자아를 제5곡〈오이제비우스〉그리고 6곡〈플로레스탄〉으로 나란하게 배치했다. 그리고 마지막 곡에 〈필리스터에 맞서는 다비드동맹의 행진〉 (Marche des "Davidsbundler" contre les Philistins)이라는 부제를 쓰며 다비드동맹 소속의 가상인물들이 필리스터를 공격하는 내용을 분명하게 드러냈다.

슈만, 《카니발》, 〈5. 오이제비우스〉와 〈6. 플로레스탄〉

슈만, 《카니발》, 〈21. 필리스터에 맞서는 다비드동맹의 행진〉

슈만은 다비드동맹을 통한 가상인물을 음악적으로만 묘사한 것이 아니라 아예 악보에 직접 표시하기도 했다. 《다비드동맹 무곡》에서 플로레스탄이나 오이제비우스가 등장하는 모든 곡의 마지막에 플로레스탄의 이니셜 F 그리고 오이제비우스의 이니셜 E를 기재해 놓았다(악보 1, 참조).

슈만은 자신의 이중자아를 표현할 때 《카니발》과 《다비드동맹 무곡》에서 제목으로 그리고 이니셜을 통해 어떤 자아가 각 곡에 담겨있는지 보여주었다.[16] 뿐만 아니라 템포, 다이내믹 등의 차이로 자아의 성격을 음악적으로 드러냈다. 활기 넘치는 정열가 플로레스탄은 빠른 템포, 강력한 다이내믹, '생기있게'(lebhaft), '유머를 가지고'(mit Humor), '조급하게'(ungeduldig), '열정적으로'(passionato) 등과 같은 음악적 표현 수단으로 그렸다. 반면에 우울한 몽상가 오이제비우스를 음악적으로 표현하기 위해 슈만은 느린 템포, 여린 다이내믹, 선율선 강조, '우러나듯이'(innig), '부드럽게 노래하듯이'(zart und singend) 등과 같은 나타냄말을 선택했다. 그러나 작곡가는 각 곡의 조성을 이

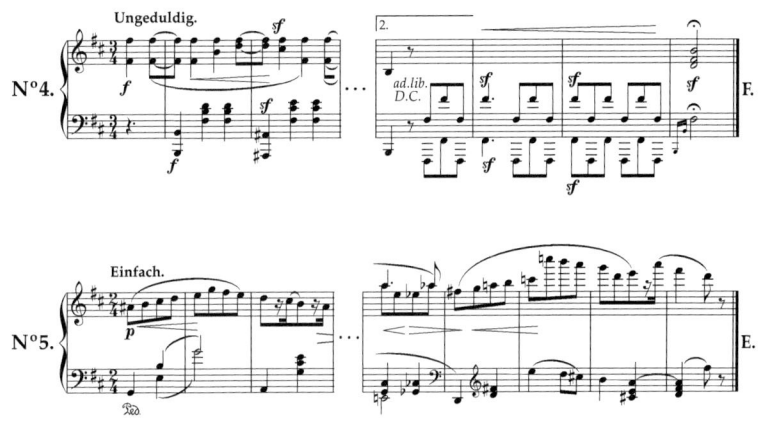

[악보1]《다비드동맹 무곡》중 제4곡과 제5곡의 시작과 끝

니셜과 음악적으로 표현된 이런 성격과 다르게 선택했다. 예를 들어, 곡의 끝에 정열적인 플로레스탄을 나타내는 F 이니셜이 있는 제4곡의 조성은 b단조로 그리고 명상적이고 부드러운 오이제비우스를 나타내는 E 이니셜이 있는 제5곡의 조성은 D장조로 작곡했다(악보 1, 참조). 음악적 표현과 대조적인 이런 조성 선택은 우리가 일반적으로 이해하고 있는 조성에 관한 상식과는 거리가 있다. 그러니까 보통 장조는 밝은 성격 그리고 단조는 우울한 성격을 표현한다는 일반적 상식과 플로레스탄이나 오이제비우스를 상징한 곡에서의 조성 선택은 일치하지 않는다.

슈만,《다비드동맹무곡》, 제4곡

슈만, 《다비드동맹무곡》, 제5곡

독일 출신으로 바로크시대 작곡가이자 이론가로 활동했던 마테존 (Johann Matheson, 1681-1764)은 장조와 단조로 표현되는 인간의 심적 상태, 감정, 정서에는 차이가 있다고 했다. 그의 이론에 따라 슈만이 선택한 조성을 다시 살펴보면, 제4곡에 부여한 b단조는 '기괴한, 침울한, 우울한' 분위기를 가졌어야 하고, 제5곡의 D장조는 '날카로운, 완고한, 호전적이고 명랑한' 인간을 표현하는 것이어야 한다. 그래서 이 원칙에 따르면 슈만이 각 곡의 끝에 기재한 이니셜과는 달리, 제4곡을 위해 선택한 조성은 오이제비우스에 적합하고 제5곡의 조성은 플로레스탄을 표현하기에 더 맞을 것이다. 마테존의 이론과 맞지 않는 슈만의 이러한 조성 선택과 음악적 표현을 연결해보면, 슈만이 각 곡의 이니셜 표기를 통해 이중자아를 분리 배열한 것 같지만, 내재되어 발산되지 않는 이중성격을 조성을 통해 음악적으로 동시에 표현했다고 할 수 있다. 마치 호프만의 소설 속에서 현실과 이상의 괴리로 고통받는 크라이슬러처럼!

4) 호프만과 슈만의 《크라이슬레리아나》

글을 쓰는 작가였지만, 작곡, 지휘 그리고 음악평론까지 했던 호프만은 다재다능한 인물이었다. 이런 이력 때문에 음악계를 잘 알 수 있었던 그의 눈에 전문적인 음악가들 특히 연주자들의 삶은 각별하게 보였던 모양이다. 그래서 호프만은 소설 속 음악가들의 모습을 더욱 인간적인 면으로 그렸던 것 같다. 음악을 진심으로 이해하고 감상할 능력이 없던 사람들 앞에서 연주자들이 느껴야만 했던 암담한 심정을 그는 이미 잘 알고 있었다. 그래서 그는 자신의 소설 속 주인공 카펠마이스터 크라이슬러를 통해 당시 음악가들이 느낀 감정을 은유적으로 표현했다. 크라이슬러가 음악에 무지한 사람들 앞에서 연주해야 하는 현실적인 삶, 그러나 순수 예술가로서 추구하고 있는 정화된 삶 사이에서 겪어야 하는 방황과 고뇌를 그는 소설에 담았다. 호프만의 소설 속에서 크라이슬러의 이중자아는 스위치를 켰다 껐다하듯 분리되어 등장하는 것이 아니라 '통합'되어 있는 것이다. 이는 슈만이 《다비드동맹 무곡》의 제4곡에도 그리고 제5곡에도 플로레스탄과 오이제비우스 성격이 공존했던 것과 유사하다.

《카니발》 그리고 《다비드동맹 무곡》에서 이중자아를 음악으로 그려낸 슈만은 호프만의 영향이 전면에 드러나는 제목의 《크라이슬레리아나》에서는 자신의 이중자아를 드러내는 이니셜을 제외했다. 이니셜 사용과 같은 작곡가의 직접적인 개입 없이 슈만은 이 작품에서 이중자아를 적극적으로 표현한다. 예를 들어, 제1곡은 d단조의 조성을 가지면서 '격렬하게 움직이듯'(Äußerst bewegt)이란 표현을 요구하고 있다. 그런 나타냄말이 단조 조성에 어울리지 않는다고 여길 수도 있지만, 슈만은 이렇게 조성과 나타냄말을 마주치게 한 것이다. 그런 상충 상황으로 그는 카펠마이스터 크라이슬러에 내재된 현실과 이상의 괴리로 인한 고뇌를 표현했다.

위에서부터 우리는 미술작품들 속에서 표현된 '신비', '영성'을 요소로 하는 낭만주의를 살펴보았다. 그리고 이어서 문학작품과 음악을 통해 예술가의 '감수성'과 '예민함', 그로 인한 이중자아까지 다루었다. 계몽사상으로부터 시작된 프랑스대혁명이 비합리적 정치체제를 즉각적으로 바꾸지는 못했다. 하지만 이를 계기로 사회는 민주화되기 시작했고, 그 사회를 구성하는 개개인이 중시되기 시작했다. 또한 산업혁명으로 인한 시장경제 부활은 예술의 상품화 그리고 예술인들은 '자유예술인'으로의 지위 상승의 배경이 되었다.

19세기 초반에는 아직 예술가들이 '자유예술인'으로서 삶을 완전하게 영위하지 못하고, 이전 시대처럼 어딘 가에 소속되어 활동하던 것이 일반적이었다. 그런 면모는 호프만의 소설에서도 찾을 수 있다. 호프만의 「카펠마이스터 요하네스 크라이슬러」 속 주인공 크라이슬러는 나폴레옹군대가 들어오면서 참사관으로 일하던 자리를 잃게 된다. 그리고 다른 대 영주의 오케스트라 악장이 되는데, 이런 내용은 당시 예술가가 어떤 개인 그리고 교회에 속해 있는 전근대적인 직업인이었다는 것을 보여준다. 바로 이런 직업 예술인으로서의 크라이슬러가 마주친 현실과 이상의 괴리 그리고 그로 인한 고뇌가 호프만이 이 소설을 출판했던 19세기 초반에 드러나기 시작한 것이다. 당시는 음악인의 직업이 '자유예술인'으로 자리잡아가고 있던 때였다. 개인의 감정 표현을 최우선으로 하는 낭만주의 예술은 창조성을 인정했고, 그것을 위해 누구에게도 속하지 않은 자유예술인들은 천재임을 스스로 드러내어야만 했다. 그리고 많은 문학 작품들에서도 예술가를 천재로 묘사했다. 앞에서 언급했던 호프만의 소설 「크라이슬레리아나」 도입부에서도 이런 내용이 드러난다.

"그는 참으로 굉장한 카펠마이스터였다고 외교적인 사람들은 덧붙여 말하곤 했다. 그 사람들에게 그는 한때 좋은 기분으로 어느 궁정 극장에서 발행한 증명서를 보여준 일이 있다. 그 문서에는 카펠마이스터 요한 크라이슬러는 궁정 시인이 작시한 오페라 대본에 음악을 붙이는 것을 끈질기게 거부했기 때문에 직책에서 해임되었다는 말이 적혀 있었다."[17]

크라이슬러를 '굉장한 카펠마이스터'라고 칭찬했던 19세기 시민사회의 구성원들은 어쩌면 '외교적'이거나 '아는 척하는' 사람들이었다. 그렇게 자신을 인정하는 그 사람들에게 크라이슬러는 '자신이 궁정시인이 작시한 오페라 대본에 음악을 붙이는 것을 거부해 해임되었다'는 증명서를 보여준다. 이런 크라이슬러의 행동은 이성적이거나 지혜로운 것으로 이해하는 것이 쉽지는 않다. 하지만 그런 행동은 크라이슬러뿐만 아니라 당시 예술가들에게 드물지 않은 현상이었기에, 호프만도 소설 속에 그런 모습을 직접적으로 묘사할 수 있었을 것이다. 하지만 크라이슬러가 보여주었던 이런 생각과 행동은 자신을 무의식적 '영감'과 주관적 '독창성'으로 창작하는 작곡가, 즉 낭만주의 예술가상의 전형을 만드는 것이다.

5) 낭만주의 음악, 천재를 낳다!

19세기 시민들이나 예술가들은 천부적인 재능을 가진 이들에 대한 경외감을 가지기 시작했다. 보통 사람들이 생각하는 예술가는 「크라이슬레리아나」 속 주인공과 같이 종종 현실과 대립하거나 또는 자신의 예술세계가 인정받지 못하기 때문에 고통스러워한다. 그리고 예술가의 그 고통은 멜랑콜리로 여겨지거나 나아가 심한 우울증과 정신분열의 모습으로도 나타나기도 한다. 낭만주의시대에 천재적 예술가들을 향한 이런 관점을 '낭만주의 천재상'으로 이야기하곤 하는데, 호프만은 크라이슬러를 통해 그런 면을 드러낸 것이다.

19세기 초반 드러난 이러한 천재상은 화가들보다는 음악가들에 대한 수식어로 사용된다. 특히 뛰어난 연주로 대중들을 감동시켰던 인물들에게 '천재'라는 수식어가 붙었다. 르누아르(Auguste Renoir, 1841-1919) 그림에서 등장하는 업라이트 피아노(upright piano)의 발명과 함께 피아노 교육 열풍이 일어났고, 다양한 악기들이 보급되면서 그에 따른 아마추어 음악가들이 빠르게 늘어났다. 아마추어 음악가들은 그대로 음악회의 청중이 되었고, 그들 앞에 엄청난 연습으로 기가 막힌 연주를 앞세운 연주자들이 환호를 받았다. 이로써 점차 작곡과 연주를 함께 했던 음악가들은 작곡과 연주를 철저하게 분리하여 더욱 전문적인 모습을 갖추게 된 것이다.

19세기 교양시민과 아마추어 음악가들의 눈앞에 등장한 뛰어난 기교 연주자나 그들이 연주하는 곡을 작곡한 사람은 자연스럽게 천재라는 수식어를 갖게 되었다. 그래서 대중들이 직접적으로 느낄 수 있는 천재성을 미술보다는 음악에서 조금은 쉽게 이야기한 것이다. 그러나 현재 우리가 천재를 이야기할 때는 19세기 이전 문학이나 미술에서 있었던 인물들도 떠 올린다. 신본주의(神本主義)였던 중세시대에서 인본주의(人本主義)의 르네상스시대로 들어서며 휴머니즘을 근간으로 한 미술과 문학 분야에서 뛰어난 업적을 남긴 인물들이 다수 등장했다. 그래서 그 시대에 역사적 흔적을 분명하게 남겼던 다 빈치, 미켈란젤로, 셰익스피어(William Shakespeare, 1564-1616) 등과 같은 예술가들에게도 19세기의 '천재' 개념이 자연스럽게 적용되었다. 르네상스시대 이전에도 수많은 예술가들이 현재 우리가 '예술'이라고 보는 작품을 만들었음에도 불구하고 그 작가들에게 '천재'라는 수식어를 붙이는 경우가 아주 드물다. 중세시대부터 교회를 중심으로 활동했던 음악가들은 종교음악에 집중하면서 음악으로 봉사하는 단순한 '신의 도구'로 여겨졌다. 그런 음악가 신분은 인본주의시대로 접어든 르네상스시대에도 큰 변화는 없었다. 그래서 뛰어난 음악적 재능이나 업적을 남겼던 음악인들을 '천재'로 생각하지도 않았다.

호프만의 소설 속 주인공 크라이슬러처럼 19세기에 들면서 음악인들은 점차 중세나 르네상스시대와 같이 궁정이나 교회에 소속되기보다는 자신만의 창작과 연주 활동에 전념하고 싶어 했다. 이제 더 이상 교회나 궁정 소속의 직업인이 아니기에, 그들은 최선을 다해 대중들에게 음악가로서의 모습을 보이고 그에 맞는 대우를 받으려 했다. 감동적인 작품과 뛰어난 연주를 앞세운 음악가들은 대중들의 높아지는 기대에 부응하면서 천재라는 칭호도 얻게 되었다. 그렇게 그들에 의해 음악 천재의 전성시대를 맞게 되면서 음악적 낭만주의시대에 천재의 전형적인 모습이 형성되었다. 일반 대중들에게 예술창작은 엄청난 감동을 주는 어떤 새롭고 독창적인 작품을 창작해내는 것으로 인식되었다. 고전시대 예술가들이 자신들의 '천재적 창조성을 주관적 독창성과 그것의 균형적 조절에서 찾았던 것'과 같이 예술가들의 천재적 창조성은 자신들이 속해 있는 세계의 사고와 연결되어 발현되었을 것이다. 19세기 '자유예술인'이라는 직업을 갖게 되면서 그들의 천재적 창조성은 '무의식적이며, 조절할 수 없는 창조의 원동력'인 '영감'을 전면에 두게 되었다.[18] 또한 현실적으로 시민사회 형성에 따른 대중적인 인기를 얻어야 하는 상황에서 천재 예술가들의 영감은 '강렬하고 신들린 감정', '자기를 벗어난 무아지경', 더 나아가 '광기'로 연결되었다.

19세기에는 개인적인 능력에 따라 예술적인 천재성을 보인 음악가들이 쏟아져 나왔다. 그들은 개인적인 재능을 자유롭게 뽐내며 대중적인 인기를 누렸다. 그런 천재 음악가들은 대중들뿐만 아니라 전문가들로부터 폭 넓은 인정도 받았다. 그 한 예를 슈만의 글에서 확인할 수 있다. 그가 창간한 『음악신보』에 남긴 수많은 비평과 산문 가운데 슈만이 쇼팽에 대해 쓴 글이 있다. "모자를 벗으세요. 신사 여러분, 천재가 나타났습니다."라고 경탄하며 쇼팽을 천재적인 음악가로 묘사했다. 그뿐 아니라 슈만이 적극 지원하고 밀어주던 브람스(Johannes Brahms, 1833-1897)에 대해서도 "최고의 천재성이 그에게 기대되는 권능을 더 해줄 것"이라고 표현했다.

당시 천재로 칭송되던 예술가는 음악가뿐만 아니라 바이런과 같은 시인들도 있었다. 문학이나 음악에서 천재성을 보였던 예술가들이 만들어낸 낭만주의 경향은 아주 풍성하고 다채로웠다. 그 가운데 특히 천재성을 한 눈에 느낄 수 있는 음악에서는 이전과는 다른 작품 성격에 뛰어난 기교까지 갖춘 음악가들이 활약했다. 대중들에 의한 천재 숭배는 창작에서보다는 연주자들의 비르투오소적 기교주의 연주와 만나게 된다.

6) 청중을 열광시킨 천재들 - 파가니니와 리스트

아직 베토벤이 활동하고 있던 19세기 초반에 활동한 음악가들 대부분은 우리가 잘 아는 이들이다. 슈베르트, 쇼팽, 리스트, 파가니니, 로시니 (Gioacchino Antonio Rossini, 1792-1868) 등 이름만 들어도 다 알고, 그들의 작품들은 여전히 사랑받고 감상되고 있다. 그들을 천재 작곡가 또는 비르투오소 연주가로 칭하는 것에 대해 부정할 사람도 없을 것이다. 그 음악가들 가운데 19세기 청중의 열광을 받았던 천재를 언급하라면, 서슴없이 파가니니와 리스트라고 말할 것이다. 비르투오소적 연주로 당대에 큰 인기를 누렸던 파가니니와 리스트의 천재성은 '놀라운 것', '초인적인 것' 등과 연결된다. 평범한 연주자들이나 음악에 일가견이 있는 사람들이라도 평소엔 상상도 못하던 연주기교를 눈앞에서 지켜볼 때 그들은 놀라움과 섬뜩한 감동으로 온몸에 소름이 돋았을 것이다. 비르투오소 연주자들의 기교는 아름다움을 넘어 뭐라 말할 수 없는 놀라움으로 19세기 청중들에게 다가갔고, 그것을 보면서 그들이 천재라는 생각을 자연스럽게 했을 것이다. 리스트와 파가니니의 연주가 얼마나 놀랍고 기교적이었는지에 대해 당시부터 학자들이나 대중들 사이에는 많은 이야기들이 떠돌고 있었다. 그리고 그런 음악문화를 경험했던 청중들의 규모는 점점 더 커졌다. 리스트나 파가니니에 대한 천재라는 칭송의 평

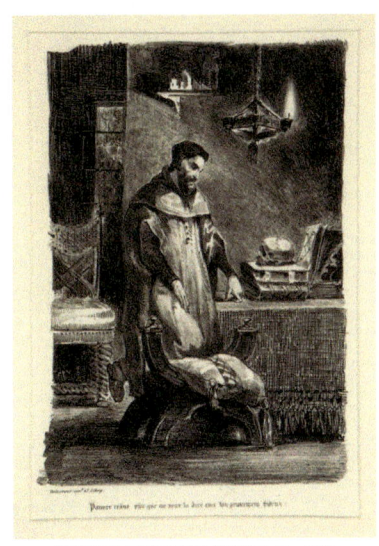

[그림 9] 들라크루아, 『파우스트』 삽화

[그림 10] 들라크루아, 《파가니니》

가는 당대뿐만 아니라 21세기 현재까지도 변함없이 유지되고 있다. 음악학자인 타루스킨(Richard Taruskin, 1945-2022)이 남긴 파가니니에 대한 글은 그의 천재성을 '악마', '슈퍼맨', 악마에게 영혼을 판 '파우스트의 소생' 등으로 비유하고 있다. 단순히 기교적인 연주 측면에서뿐만 아니라 파가니니가 남들보다 뛰어남을 외모까지 들추면서 설명하고 있다.

> "파가니니는 자신의 생애 때 전설이었다. […] 이는 그의 비할
> 데 없으며 영향력이 있는 기악적 테크닉만의 문제가 아니었다. 수척하
> 고 여윈 외모와 그의 악마적 기질과 함께, 파가니니는 명기성의 낭만
> 신화를 거의 독자적으로 슈퍼맨처럼 구축하였다. 비록 악마 같은 재능
> 이긴 하지만 말이다. 그는 소생한 파우스트였다."[19]

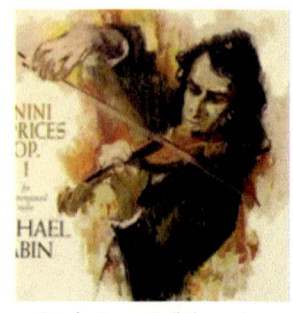 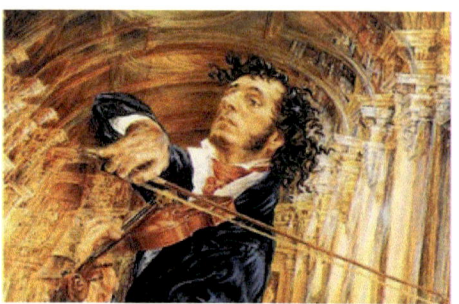

[그림 11] EMI 클래식 CD 커버 　　　　　**[그림 12]** 그라모폰 CD 커버

천재들에 대한 관심은 다른 장르의 예술가들에게도 좋은 주제가 되었다. 들라크루아가 1832년 그린 파가니니 초상화는 영혼을 악마에게 판 파우스트와 비교하는 타루스킨 글과 공감대를 형성한다.

들라크루아는 괴테의 『파우스트』를 좋아했고, 프랑스어 판(1928) 『파우스트』에 삽화를 그렸다(그림 9). 그리고 4년 뒤 그는 파가니니를 한 폭의 그림으로 완성했다(그림 10). 들라크루아가 남긴 파우스트 삽화와 파가니니 초상화는 비슷한 분위기를 느끼게 한다. 화가는 초상화 속 파가니니의 검은 정장이 배경과 명료하지 않은 경계로 인해 어둠 속으로 빨려 들어가는 것 같이 묘사하고 있다. 이런 분위기는 야윈 얼굴과 지긋하게 눈을 감고 연주에 몰입한 모습과 함께 명연주를 위해 영혼을 악마에게 판 '소생한 파우스트'를 시각적으로 느끼게 한다. 들라크루아 초상화 속 파가니니의 모습은 현재 발매된 음원들 커버들에서 '강렬하고 신들린 파토스', '광기', '무아지경' 등과의 연결이 더 용이하도록 강렬하게 변화했다(그림11, 12, 13). 이에 반해 파가니니가 활동하던 당시에 '광기 넘치는 연주'로 감옥에 투옥되기도 했다는 일화를 낳기도 했지만, 같은 시기 그려진 들라크루아 작품 속 파가니니는 『파우스트』 삽화 속 파우스트처럼 사색하는 듯한 철학가적 심오함을 내뿜고 있다.

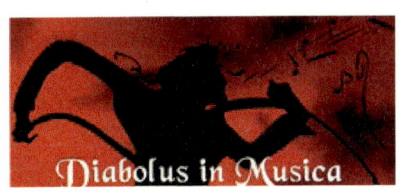
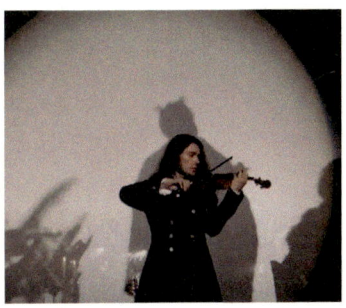

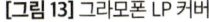

[그림 13] 그라모폰 LP 커버　　　　　[그림 14] 『악마의 바이올리니스트』 한 장면

　　들라크루아의 초상화 속 파가니니보다 더 큰 제스처로 바이올린을 연주하는 파가니니의 모습은 그라모폰 LP 커버(그림 13)에서 '음악의 악마'라는 제목과 함께 '신들린 광기'의 연주자로 묘사되고 있다. 이런 시각적 표현과 함께 파가니니를 주제로 한 영화 『악마의 바이올리니스트』(The Devil's Violinist, 2014)도 악마에게 영혼을 팔았다는 소문에 따른 천재의 뛰어남을 극적으로 드러낸다. 이 영화 포스터 속 파가니니 역을 맡은 바이올리니스트 가렛(David Garrett, 1980-)의 긴 머리와 번뜩이는 눈은 '소생한 파가니니'를 마주한 것 같은 착각을 불러일으킨다.

　　『악마의 바이올리니스트』 영화의 한 장면인 그림 14 속 파가니니는 과연 어떤 곡을 저리도 열광적으로 연주했을까? 영화 『악마의 바이올리니스트』에서는 가렛이 파가니니의 《카프리스 24번》(Caprice No. 24)을 연주한다. 바이올린으로 연주할 수 있는 극강의 난이도를 포함한 이 곡을 선택하여 파가니니의 천재성과 광적인 비르투오소 연주를 모두 보여준 것이리라. 그리고 이 영화는 파가니니 연주에 열광하는 팬들의 모습을 통해 그가 활동했던 시대의 음악문화와 청중들의 모습을 분명하게 전달하고 있다. 1842년에 그려진 '리스트 연주에 열광하는 청중'을 담은 캐리커쳐(그림 15)에서 보듯이, 영화에서 파가니니 등장부터 환호하던 여성 팬들은 그가 화려한 연주 기교를 구사할 때마다 감탄을 연발하며 기절까지 한다. 영화에서 그려진 파가니니의 천재성을 두 개 장면 정도로 정리할 수 있다. 파가니니의 《베네치아 카니발》(Il carnevale di Venezia, Op. 10)을 원곡보다도 빨리 '미친 듯이' 연주하다가 세 개의 현이 끊어지자 영화 속 주인공은 한 개 남은 현으로만 연주하면서 곡을 끝맺는 장면이 그 하나이다. 영화 속 이 장면은 바이올린의 제일 낮은 음인 G현 하나로만 연주하게 작곡한 《모세환상곡》을 연상시킨다. 또한 영화 속 장면에서 열정적으로 연주하고 있는 파가니니 뒤에 매니저인 우르바니가 악마의 그림자로 드리워지게 하는 연출도 주목할 만하다(그림 14). 이런 영화 연출은 '악마성'과 '광기'가 천재의 이면에 있다고 여기는 19세기 천재론에서 나온 것이다.

파가니니, 《카프리스 24번》(1:48 이후부터)

파가니니, 《베네치아 카니발》(0:25 이후부터)

파가니니의 천재성을 이야기하다 보면, 리스트가 편곡한 피아노곡들을 자연스럽게 떠올리게 된다. 파가니니가 바이올린으로 보여주었던 기교적인 면모를 리스트가 피아노를 위해 편곡하고 연주했다는 사실은 어떤 면에서 리스트가 파가니니보다 더 천재가 아닐까라는 생각을 갖게 한다. 바이올린으로 보여준 극한의 기교를 더욱 많은 음들을 추가하여 피아노로 연주했을 때 당시 청중들은 과연 어떤 반응을 보였을까? 비르투오소 연주자 리스

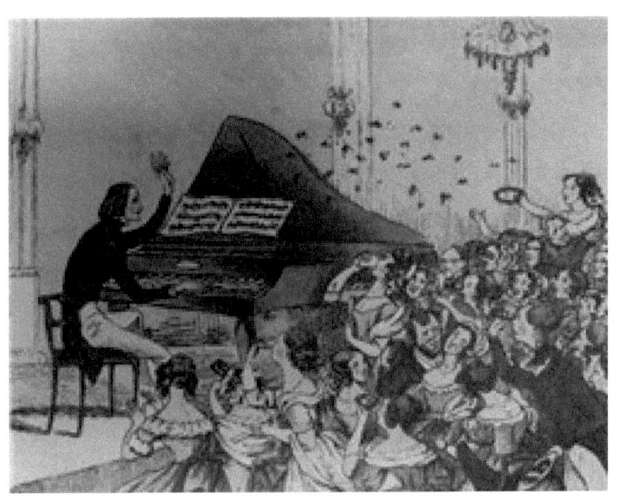

[그림 15] 리스트 연주에 열광하는 청중(캐리커쳐, 1842)

트를 담은 캐리커쳐(그림 15)에서는 당시 시민사회, 특히 여성들에게 인기를 끌었던 '스타'의 모습도 볼 수 있다. 리스트의 손이 과도하게 크게 강조되어 그려진 것 또한 그의 천재성을 보여주는 표현적 도구이다.

파가니니와 리스트의 이름을 한꺼번에 만날 수 있는 작품으로는 〈라 캄파넬라〉가 최고일 것이다. 1826년 파가니니가 작곡한 《바이올린협주곡 2 번》(b단조, op. 7) 제3악장 론도 '라 캄파넬라'는 리스트가 6곡으로 작곡한 《파 가니니 주제에 의한 대연습곡》(Études d'exécution transcendante d'après Paganini, S. 140) 중 제3곡 〈라 캄파넬라〉(La campanella, 1838)로 편곡되었다. 파가니니의 '라 캄파넬라'나 리스트의 〈라 캄파넬라〉 모두 바이올린과 피아노음악에서 가장 대중적인 인기를 얻고 있다. 리스트가 파가니니의 실제 연주를 경험했 는지는 알 수 없다. 그렇지만 리스트는 파가니니에 대한 소문이나 실제 파가 니니의 악보를 보고 같은 제목을 사용하면서 피아노로 그 기교적 화려함을 담고 싶었던 의지를 보였으리라. 이와 같은 모습은 기교적 피아니스트로서 활동하던 리스트가 당시 청중들로부터 '광기어린', '초인적인 것'으로 이해되는 천재성을 보여준 하나의 예이다. 파가니니의 광기어린 천재적 연주를 동경하며 리스트가 이런 작품을 작곡하고 연주했던 것만은 아니었다. 그는 피아노로 연주할 수 있을까?라는 의구심과 놀라움을 담은 작품을 작곡하고 연주하며 청중들을 열광시켰다. 1851년 12개의 곡들을 모아 《초절기교 연습곡》(Transcendental Étude)이란 제목으로 발표한 작품은 리스트가 얼마나 뛰어난 비르투오소이자 천재인가를 분명하게 보여준다. 이 작품에 대한 베를리오즈의 언급은 리스트의 초인적 연주와 이 작품에 대한 평가를 담고 있다.

> "불행하게도 우리는 이러한 종류의 음악을 자주 들을 수 없을 것이다. 리스트는 오직 자기 자신을 위해 이 음악을 작곡했고, 세상에는 이 작품을 올바르게 연주할 수 있을 것이라고 생각하며 혼자 우쭐댈 수 있는 사람조차 존재하지 않을 것이다."[20]

리스트의 엄청난 기교에 놀라움을 보였던 음악가는 베를리오즈뿐 아니라 같은 시대 활동했던 다른 음악가들도 마찬가지였다. 그의 초인적 기교에 대해 비르투오소 피아니스트로 활동했던 탈베르크(Sigismund Thalberg, 1812-1871)는 심지어 리스트가 '손이 세 개' 있다며 놀랐다고 한다. 그리고 바이올린의 비르투오소였던 요하임(Johann Jochaim, 1831-1907)은 리스트의 기교적 연주에 대해 '엄지와 중지에 불붙은 시가를 끼고 멘델스존 바이올린협주곡을 연주하던 파가니니를 떠올렸다'고 말했다.[21]

당대 음악계를 주름잡던 비르투오소 연주자들뿐만 아니라, 리스트의 환상적이고 귀신같은 연주에 팬들이 엄청난 환호를 보냈다. 심지어 리스트를 바라보며 에워싼 수많은 팬들을 가리켜 '리스토마니아'(Lisztomania)라는 명칭까지 등장했다. 1842년 베를린에서 22일 연속 매진으로 진행된 리스트 독주회에 모인 팬들의 모습을 보며 시인 하이네가 '리스토마니아'라는 용어를 처음 언급했다. 슈베르트의 음악을 사랑하고 지원을 아끼지 않았던 '슈베르티아데'(Schubertiade)를 연상하게 하지만, 하이네가 본 '리스토마니아'는 음악가를 향한 팬들의 규모나 열성이 다른 수준이었을 것이다. 리스트의 초인적인 기교에 대한 놀라움과 관심은 20세기에 여러 편의 영화[22]로도 제작되었을 정도로 시대를 넘어 지속되고 있다.

리스트뿐 아니라 19세기 천재로서 빼놓을 수 없는 쇼팽 또한 파가니니의 연주를 듣고 '파가니니의 추억'(Souvenir de Pganini)이라는 부제를 갖고 있는 《변주곡》(A장조, B. 37, 1829)을 작곡했다. 쇼팽의 이 작품은 이탈리아 민요 '나의 사랑하는 엄마'를 주제로 파가니니가 작곡한 《베네치아 카니발》의 주제를 변주곡으로 작곡한 것이다. 쇼팽처럼 파가니니의 천재적 유산을 자신의 작품에 주제로 차용해 작곡한 작곡가들은 브람스, 라흐마니노프(Sergei Rachmaninov, 1873-1943) 등 여럿이다. 그들 역시 자신만의 어법과 비르투오소적인 연주를 통해 당대 청중들에게 천재로서의 대우를 받았던 인물들이었다.

비르투오소적 연주로 그리고 초인적 기교를 담은 작곡으로 천재성을 마음껏 발휘한 작곡가들은 당대 청중들이 찾는 음악, 즉 그들이 활동하던 시대 음악문화 이정표를 따라 걸으면서 스스로 자신들을 천재 만들기 한 것은 아니었을까? 이런 과정들은 아마도 그들이 자유예술인으로 살아갈 수 있게 했을 것이다.

미주

1. 바흐의 《마태수난곡》은 1727년 라이프치히에서 초연되었으며, 바흐가 세상을 떠난 이후 잊혀진 작품이었다가 멘델스존에 의해 재발견되고 다시 연주되었다.

2. 베토벤이 현악4중주에서 전통적인 악장체계를 따르지 않은 작품으로는 '대 푸가'(Große Fuge)라는 제목을 가진 《현악4중주 제16번》(1826, op.135)도 있다. 이 작품은 단악장으로 이루어졌으며, 바로크시대 대표 기법인 푸가를 통해 음악적 완성을 꾀하였다.

3. 최승규, 『서양미술사 100장면』, 한명, 2001, 326.

4. 호프만은 「크라이슬레리아나」를 1810년부터 1814년에 걸쳐 〈라이프치히 일반음악신문〉 (Leibzig Allgemeine Musikalische Zeitung)에 단편들로 기고했고, 이 13개 단편은 『칼로 풍의 환상집』에 포함되어 출판되었다.

   13개 단편의 제목은 아래와 같다.

   1. 카펠마이스터 요하네스 크라이슬러의 음악적 고통(Johannes Kreisler's, des Kapellmeisters musikalische Leiden)

   2. 숭배받는 그림자!(Ombra adorata!)

   3. 음악의 높은 가치에 대한 사고(Gedanken über den hohen Wert der Musik)

   4. 베토벤의 기악음악(Beethovens Instrumental-Musik)

   5. 처참하게 깨진 생각(Höchst zerstreute Gedanken)

   6. 완벽한 기술자(Der vollkommene Maschinist)

   7. 카펠마이스터 크라이슬러에게 보낸 발보른경의 편지(Brief des Baron Wallborn an den Kapellmeister Kreisler)

   8. 발보른경에 보낸 카펠마이스터 크라이슬러의 편지(Brief des Kapellmeisters Kreisler an den Baron Wallborn)

   9. 카펠마이스터의 음악적-시적 클럽(Kreislers musikalisch-poetischer Clubb)

   10. 교육받은 청년의 소식(Nachricht von einem gebildeten jungen Mann)

   11. 음악의 적(Der Musikfeind)

   12. 자키니의 발언에 대하여, 그리고 흔히 말하는 음악의 효과에 대하여(Über einen Ausspruch Sachini's, und über den sogenannten Effekt in der Musik)

   13. 요하네스 카펠마이스터의 지침(Johannes Kreislers Lehrbrief)
   https://de.wikipedia.org/wiki/Kreisleriana(E. T. A. Hoffmann)

5. 총 3부로 계획되었지만, 1부(1820)와 2부(1822)만 출판된 이 소설의 원제목은 『수고양이 무르의 인생관과 우연히 삽입된 갈피지의 악장 요하네스 크라이슬러의 단편적 전기』 (Lebens-Ansichten des Katers Murr nebst fragmentarischer Biographie des Kallemeisters Johannes Kreisler in zufälligen Makulaturblättern)이다.

6. 호프만은 자신의 이름인 빌헬름(Wilhelm)을 자신이 존경하던 모차르트의 이름 아마데우스(Amadeus)로 변경했다. 그래서 그의 이름이 E. T. A. 호프만이 되었다.

7. 이런 해석은 나폴레옹의 1806년 드레스덴 침략으로 사법관 자리를 잃고 음악가로의 활동을 시작한 호프만 그리고 「카펠마이스터 요하네스 크라이슬러」의 주인공 크라이슬러도 나폴레옹 진군으로 참사관직을 잃고 다른 대 영주의 악장이 되었다는 공통점으로 뒷받침된다. 또한 호프만은 편지의 서명을 종종 '크라이슬러'로 했고 자신이 작곡했던 음악작품도 '크라이슬러'가 작곡한 것으로 기재했다.

8. 최민숙은 그의 논문에서 무르와 크라이슬러가 살고 있는 현실 속에서 그 두 주인공이 상징하는 세계를 다음과 같이 설명한다. "속물적 소시민성과 극단적 예술성이 이 지상에서 서로 어쩔 수 없이 연계되어 있음을, 즉 그 하나는 다른 하나가 없이는 존재할 수 없음을 암시한다." 최민숙, "에. 테. 아. 호프만의 이중소설 『수코양이 무어 Kater Murr』", 『외국문학』 23(1990), 242.

9. 그림의 출처는 아래와 같다.
https://etahoffmann.staatsbibliothek-berlin.de/leben-und-werk/zeichner/werkillustrationen/

10. 이애은, "슈만의 「크라이슬레리아나」에 담긴 이원론적 음악관-'병렬구조'와 '혼합구조'를 통한 이중성의 표현", 『이화음악논집』 17/2(2013), 69.

11. 김용환, "슈만의 '다비드동맹'(Davidbund) 탄생 배경에 관한 연구", 『서양음악학』, 27(2011), 87-122 중 97 재인용. 만나보지도 못한 이 두 친구가 슈만 자신의 이중자아라는 것을 1836년 그의 스승에게 밝혔다고 한다.

12. 쇼팽에 대한 비평문 투고 이후 『일반음악신문』은 슈만을 해고했고, 슈만은 기계적인 비평을 우선시하는 이러한 신문사와 같은 음악비평 문화를 이끌고 있는 대상들을 참된 예술의 적으로, 타도해야 할 필리스터(Philister)로 규정했다.

13. Robert Schumann, *Gesammelte Schriften über Musik und Musiker*, Bd. 1, 2-3.

14. 김용환, "슈만의 '다비드동맹'(Davidbund) 탄생 배경에 관한 연구", 97.

15. 16세기부터 18세기까지 이탈리아에서 유행했던 즉흥가면극으로, 전문배우들이 직업적으로 공연했던 연극을 말한다.

16. 학자들은 슈만이 《다비드동맹 무곡》을 현실 도피적이고, 수동적이고 공상을 즐기는 발트

(Walt)와 현실비판을 즐기고 풍자적인 불트(Vult)를 주인공으로 하는 장 파울(Jean Paul, 1763-1825)의 『플레겔야레』(Flegeljahre)의 영향으로 작곡했다고 보기도 한다.

17. E. T. A. Hoffmann, *Sämtliche Werke* Bd 2/1, H. Steinecke (ed.), 홍정수, "E. T. A. 호프만의 음악미학 소설 크라이슬레리아나를 중심으로", 『음악이론연구』 3(1998), 124.

18. 오희숙, 『음악과 천재』, 서울대학교출판문화원, 2012, 126.

19. 오희숙, 『음악과 천재』, 158.

20. https://terms.naver.com/entry.naver?docId=3573324&cid=59000&categoryId=59000 [2024. 02. 14]

21. 오희숙, 『음악과 천재』, 160.

22. '리스토마니아'를 직접 제목으로 한 영화 『리스토마니아』 (Lisztomania)가 1975년에 개봉되었다. 영국 영화감독 러쎌(Ken Russell)이 만든 이 영화는 주로 리스트의 작품과 연주에 대한 내용과 함께 리스트와 바그너와의 관계도 다루었다.

CHAPTER 7

예술 속 과학 이야기

이 책은 '예술을 주제로 한 서양의 많은 문헌들이 이미 오래 전부터 미술을 예술과 동의어로 다루고 있다.'라는 전제로 첫 장을 시작했다. 그리고 청각 예술인 음악이 더 높은 예술로 인지되는 낭만주의까지를 6장에서 언급했고, 이제 7장에서는 낭만주의 이후부터 현재까지의 예술에 대해 이야기하려 한다. 19세기 이후 20세기를 거쳐 21세기까지의 예술적 흐름은 이전과는 비교할 수 없을 정도로 다양하고 변화의 속도도 빠르다. 그래서 그 흐름을 간단하게 정리하고 글로 쓰기가 쉽지 않다. 예술을 창작하고 연구하는 모든 이들은 어떻게 20세기 그리고 현 시점의 예술을 독자들에게 조금은 쉽고 친근하게 설명할 수 있을까?에 대한 고민을 늘 하고 있다.

앞에서 말한 바와 같이, 20세기 이후 예술의 변화는 너무나 빠르기에 다양한 경향이 동시다발적으로 등장했다가 사라지기도 했다. 특히 음악은 전통적인 성악이나 기악음악의 경계를 넘어 새로운 소리를 매개변수로 적극

수용하며 감상자들에게서 멀어진 경향도 있다. 듣기 싫은 소음을 사용하거나, 전자적인 소리, 변형시킨 소리 등 익숙하지 않은 소리를 이용한 음악이 감상자에게 제공되다보니 결국 20세기부터 음악은 청중과의 소통에 어려움을 갖기도 했다. 그런 소리를 담은 음악을 들은 어떤 감상자들은 그것이 마치 공포영화의 배경음악처럼 이상하게 들린다고 말한다. 사실로 20세기 음악은 무서운 영화에 많이 사용되기도 했다. 그렇게 만들어진 음악을 베토벤이나 슈베르트 음악에 더 익숙해진 우리가 '아름답다'라고 선뜻 말하기는 쉽지 않다. 20세기 이후의 미술을 감상하는 감상자들도 이에 공감할 것이다.

20세기 예술이 '아름다움과 우아함'을 드러내려는 예술 본연의 목적을 유지하고 있다는 생각에 전적으로 동의하기 어렵다. 20세기 들어와 눈부시게 발달한 과학과 예술이 결합되면서 예술가들이 아름다움을 전면에 두기보다는 '독창적이고 창의적이고 기발한 표현'을 담아내고 있다는 생각이 더 큰 것도 사실이다. 예술과 과학의 밀접한 관계는 AI라는 단어를 아주 쉽게 듣고 있는 현재, 그리고 조금 시간을 거슬러 올라가면 20세기 초 이후부터 급변하는 예술 경향에서 부각된다. 본 책 6장까지의 내용에 '예술의 아름다움'을 설명했을 뿐, 과학과의 연관성을 언급하지는 않았지만, 언제나 그 시대의 과학적 사고의 변화는 예술과 함께 했다.

1) 미술과 과학적 사고

3장에서 다룬 르네상스시대 미술도 과학적 사고와 깊은 관계를 갖고 있다. 피렌체의 델 피오레 대성당 건축을 주도한 브루넬레스키는 근대 건축공학의 아버지로 알려져 있다. 그는 1402-1404년에 걸쳐 로마 유적을 관찰한 후 원근법 원리를 창안했고, 거리를 재는 도구도 개발했다(그림 1). 브루넬레스키의 이 도구를 이용해 화가들은 그림 속에 공간을 담아낼 수 있게 되었다. 화가들은 그림 속에 하나의 소실점을 정하고, 두 개의 평행선으로 전체 구도를 잡았다. 이를 통해 입체적인 형상을 2차원적인 평면 속에 그려내는 데 성공한 것이다. 이 방식을 '선 원근법'[1]이라 하는데, 피렌체 대성당에 있는 마사초(Masaccio, 1401-1428)의 《성 삼위일체》(Santa Trinità, 1424-1427)는 최초로 선 원근법을 적용한 작품이다.

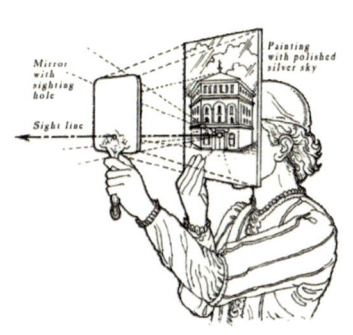

[그림 1] 브루넬레스키의 원근법 도구

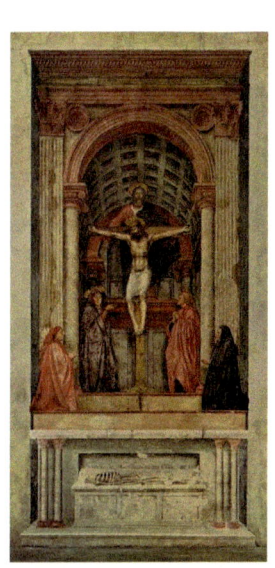

[그림 2] 마사초, 《성 삼위일체》

　선 원근법이 초기부터 완벽한 모습으로 그림 속에 적용된 것은 아니었다. 르네상스시대 화가 우첼로(Paolo Uccello, 1397-1475)의 작품에는 《산 로마노 전투》(la battaglia di san romano, 1438-1440)라는 제목의 그림이 세 점 있으며, 각각은 현재 런던, 피렌체, 파리에 보관되어 있다. 그 가운데 런던국립미술관에 보관 중인 《산 로마노 전투》는 우첼로가 선 원근법을 사용하여 완성한 작

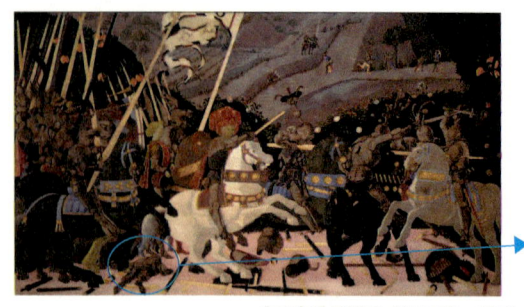
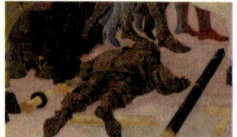

[그림 3] 우첼로, 《산 로마노 전투》

품이지만, 우리는 어색한 무언가를 발견할 수 있다(그림 3). 바로 그림 앞쪽에 누워있는 시체와 무기가 하나의 소실점을 향하는 구성에 치우쳐 너무나 인위적이고 비현실적으로 표현되어 있다. 추상적이고 이론적인 공간개념이 실제 사람들의 시각적 느낌과 다르게 나타난다는 것이 선 원근법의 문제점이다. 바로 그런 문제 때문에 이 그림에서 어색함이 느껴졌던 것이다. 이런 선 원근법의 결점을 해결하고자 레오나르도 다 빈치는 새로운 방식을 시도하고 완성하였다. 그것이 바로 '대기 원근법'(aerial perspective)[2]이다. 그를 대표하는 《최후의 만찬》(Ultima Cena, 1495-1498)을 비롯한 작품들 속에서도 원근법을 물론 확인할 수 있다. 하지만 《모나리자》(Mona Lisa, 1500-1503)에서 주변을 흐리게 처리하여 자연스럽게 보이도록 한 대기 원근법인 '스푸마토'(sfumato)기법을 한눈에 느낄 수 있다(그림 4). 파리 루브르박물관에서 길고 긴 줄을 서서 입장한 후, 멀리서만 볼 수 있는 작은 실물에서 이런 내용을 확인하는 것이 쉽지는 않지만….

　그림 4에 제시한 다 빈치의 두 그림에는 또 하나의 과학적 발달이 담겨 있다. 《최후의 만찬》을 그린 매체, 즉 재료를 찾아보면, '젯소에 템페라'

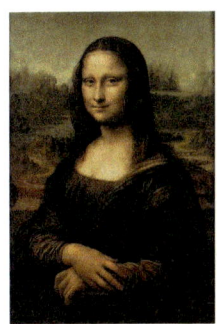 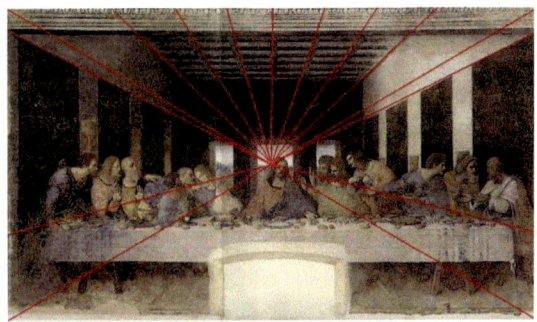

[그림 4] 레오나르도 다 빈치, 《모나리자》(왼쪽), 《최후의 만찬》(오른쪽)

로 되어있다. 《모나리자》의 매체는 '판넬에 유채'로 그려졌다는 정보도 인터넷을 통해 쉽게 확인할 수 있다. '템페라'와 '유채'는 안료를 어떤 매체로 섞어 물감을 만드는가에 따른 차이가 있다. 템페라는 계란 노른자를 사용하기 때문에 물감이 빨리 말라서 수정도 불가능하고 다양한 색을 만들 수 없었는데, 에이크(Jan van Eyck, 1395?-1441)는 그런 단점을 보완하여 안료를 오일과 섞은 유화물감을 발명하였다. 《최후의 만찬》보다 5년 정도 늦게 그려진 《모나리자》는 바로 이 유화물감을 사용한 그림이다. 유화물감은 템페라의 단점을 보완했지만, 당시에는 보관의 어려움으로 인해 야외로 나가 그림을 그리는 것까지 허용하지는 않았다.

19세기 후반 인상주의 회화가 빠르게 자리 잡을 수 있었던 배경에는 바로 유화물감을 튜브에 담는 과학적 발명이 있다. 1841년 랜드(John Coffe Rand, 1801-1873)가 튜브에 유화물감을 넣는 특허를 받았고, 이것이 보급되면서 튜브에 담긴 유화물감을 들고 자연으로 나간 화가들은 자연스럽게 그들의 화폭에 자연을 담았다. 이제 화가들은 실내에서 인위적인 빛에 의한 명암의 대조 표현을 벗어나 밖으로 나가 자연과 빛의 오묘함을 화폭에 담을 수 있게 되었다. 튜브 물감의 발명 외에도 인상주의 회화 등장에는 사진기의 발명(1839)과 광학 이론 그리고 색채 이론의 발전이라는 과학적 발전 배경을 갖고 있다. 모네(Claude Monet, 1840-1926)의 《인상, 해돋이》(Impression, soleil levant, 1872)를 대표작으로 하는 인상주의 회화는 색채와 빛을 통해 즉각적이고 강렬한 느낌을 화폭에 담았다. 모네를 비롯한 인상주의 화가들은 르네상스 이래 서양 미술에서 중요한 표현 상식이었던 명암, 원근, 구도법 등을 무시하고 새로운 빛의 떨림과 공기의 흔들림을 포착했다.

2) 예술과 산업혁명

그리스시대 이후 예술작품을 창작하거나 또는 감상을 위해 필요했던 학문적 지식은 수학이나 자연과학과 같은 영역이었다. 시간이 흐르고 시대가 변하면서 예술과 과학은 더욱 밀접한 관계를 유지해 오다가, 예술에서 감정적인 사고가 수면 위로 떠오르며 둘의 관계는 변화를 보이기도 했다. 그런 변화는 이 책 5장과 6장의 배경이었던 1차 산업혁명 시기를 이야기할 때 예술과 과학을 대립적 관계로 설명하기도 했다. 아마도 예술을 하는 감성적인 사람들은 과학 또는 수학과 가깝지 않다고 여기는 생각 때문에 19세기 초 예술가들이 과학기술과 예술을 극단적으로 구별하려했던 것인지도 모른다. 사실은 예술이 과학, 특히 수학에 근본을 두고 있음을 잊고 있었던 것은 아닐까. 예술과 과학을 구분하는 경향은 19세기 후반부터 100년 이상의 시간적 범위 안에 일어난 2차, 3차 그리고 4차 산업혁명의 진행과정에서 점차 와해되었다. 이제 20세기와 21세기 예술은 예전 그 어느 시기보다 과학의 발달과 밀접한 관계 속에 다양한 경향이 공존하면서 빠르게 변화한다. 이와 같은 내용은 아래 인용문에서도 확인된다.

"레오나르도 다빈치 시대에 과학기술은 예술, 의술과 함께 섞여 있었다. 과학과 예술을 통합적으로 이해하던 르네상스식 작업 방식은 근대 과학이 정착한 이후 퇴조하였다. 산업혁명 이후 기계 문명의 놀라운 발전을 경험한 문화예술인들은 과학과 예술을 서로 극단적인 대비의 관점으로 바라보기도 했다. 하지만 현대에 들어오면서 과학은 다시 르네상스의 비전을 공유하는 모습으로 발전하고 있다."3

1차 산업혁명 시기에 예술가들이 과학과 예술을 대립적 위치에 두었다 할지라도, 그들의 예술 창작은 사실 과학의 발달과 불가분의 관계 속에서 이루어졌다. 그 예를 음악에서 찾자면, 앞에서 여러 번 이야기했던 베토벤 피아노소나타에서의 음역 운용이나 페달 사용 등으로 볼 수 있다. 1차 산업혁명의 특징으로 거론되는 증기기관과 방직기의 발명과 같은 기계 발달이 피아노라는 악기의 발달과 직접적인 관련이 있다는 것을 설명하기는 쉽지 않다. 그러나 수많은 신기술과 기계가 발명되고 다른 산업 분야에도 영향을 끼치던 상황을 고려하면 악기 제작에도 산업혁명은 영향을 주었을 것이다.

베토벤이 사용한 피아노와 그것을 이용해 작곡한 소나타의 연주기법이나 어법을 고려하면, 1차 산업혁명으로 인해 피아노가 이전과는 달라졌다는 것을 알 수 있다. 물론 베토벤이 활동한 시기, 즉 1차 산업혁명과 맞물린 기간에 갑작스럽게 피아노가 혁신적으로 개량된 것은 아니다. 이탈리아 출신 제작자인 크리스토포리(Bartolomeo Cristofori, 1655–1731)가 이미 1600년대 후반부터 1700년대 전반에 햄머를 개량하고, 건반의 음역대를 확장하는 등 혁신적인 피아노를 제작했지만,4 크게 관심을 받지 못했다. 그래도 악기 개량에 대한 필요성은 꾸준히 대두되었는데, 산업혁명에 따른 기술 발달과 함께 그 오랜 아쉬움을 해결하기 시작했다. 그리고 1820-30년대에 피아노의 목제

프레임이 철제 프레임으로 바뀌게 되었고, 그로 인해 음색과 음량의 변화를 만들어냈다는 것은 산업혁명의 기술발달에 따른 결과가 반영된 것이다.

베토벤은 연주와 창작에 세 대의 피아노를 애용했던 것으로 알려지는데, 발터(Walter)피아노, 에라르(Erard)피아노 그리고 브로드우드(Brodwood)피아노가 그것들이다.

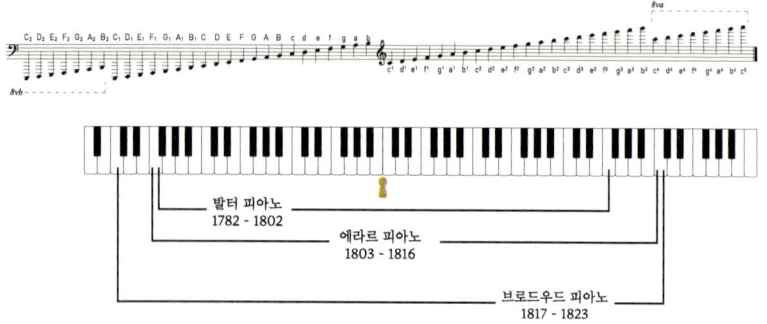

[그림 5] 베토벤이 사용한 피아노와 음역

그림 5는 베토벤이 사용했던 세 대 피아노가 가졌던 음역을 정리한 것이다. 이 가운데 베토벤이 초기 창작에 사용했던 발터피아노의 예를 통해 당시 악기의 상태와 함께 실제 피아노를 위한 작품을 작곡하는 과정에서 고려했어야 할 요소를 살펴보려 한다. 모차르트도 1781년 구입하여 많은 피아노협주곡을 작곡했던 발터피아노는 다섯 옥타브 음역의 건반을 가지다가 이후 대략 35여 년 동안에 걸쳐 여섯 옥타브로 넓어졌다. 피아노 건반에서의 음역을 확장했다는 것은 상당한 기술을 필요로 하는 일이며, 이는 곧 연주자나 작곡가들에게 새로운 세계를 열어주는 계기가 된다. 음역 확장과 함께 또 하나의 기술이 장착된 것이 페달이었다. 현대적 피아노 연주에서 페달의 중요

성은 말할 필요도 없다. 발터피아노를 사용하는 피아니스트들도 그리고 창작을 하는 작곡가도 음색의 변화를 줄 수 있는 페달을 활용하고 싶었을 것이다. 그러나 당시 발터피아노에 장착된 '무릎페달'은 연주를 하면서 피아니스트가 건반 밑에 위치한 페달을 무릎으로 눌러야하기 때문에 음악적 흐름이 단절될 수 밖에 없다. 이런 불편함으로 무릎페달은 실제 연주에 효율적으로 사용되지 않았다. 그래서 베토벤의 초기 피아노소나타 초판 악보에는 대부분 페달 표시가 없다.[5] 악보 1은 베토벤이 1798년 발터피아노를 사용하여 작곡한 《피아노소나타 제8번, op.13》(Piano Sonata No.8, Op.13, "Sonata Pathétique"/"비창소나타", 1798)의 첫 악장 시작부분으로 1804년에 출판된 것이

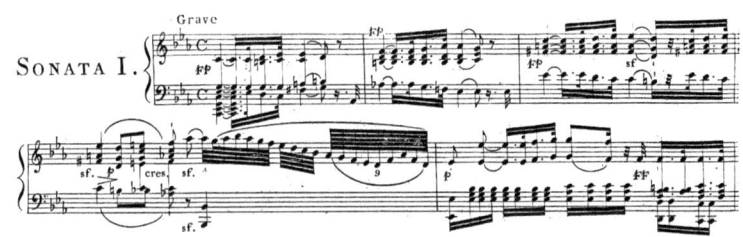

[악보 1] 베토벤, 《비창소나타》 제1악장, 마디 1-5 (1804)

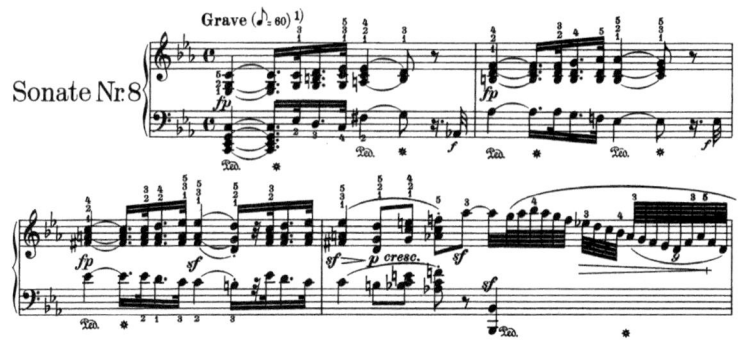

[악보 2] 베토벤, 《비창소나타》 제1악장, 마디 1-4 (1923)

다. 악보 2는 라몬드(Frederic Lamond, 1868-1948)에 의한 해석판으로, 브라이트 코프 앤 헤르텔(Breitkopf & Härtel)에서 1923년에 출판된 것이다. 100년이 넘는 시간적 차이를 보이는 이 두 악보를 비교하면, 페달 표시와 다이내믹 표시의 차이를 쉽게 볼 수 있다.

베토벤이 '발 페달'이 있는 에라르피아노를 사용하고 있던 1804년에 출판된 악보 1에 페달 표시가 없다는 것은 발 페달 사용 또한 그리 효과적이지 않았을 것이라는 추측도 가능하게 한다.[6] 20세기 출판된 악보 2에는 '해석자 라몬드가 살고 있는 시대 피아노를 베토벤이 사용했다면, 음악적 진행상 이런 부분에 페달을 썼을 것이다.'라는 판단이 반영된 것이다. 물론 이 작품을 듣는 20세기 초 청중들의 음악적 감성과 연주홀의 음향까지 고려했을 수도 있다.

1차 산업혁명이 진행되던 시기 많은 예술가들은 '인문학과 예술 분야는 창의적이고 인간의 주관이 중심'에 있고, '과학은 주관적인 충동이 억제된 객관적 사고 영역'이라고 주장했다.[7] 이러한 사고는 19세기 후반부터 20세기 초를 시간적 범위로 하는 2차 산업혁명 시기에도 지속되었다. 이런 예술과 과학의 대립관계는 프랑스대혁명 100주년을 기념하는 에펠탑 건설 과정부터 건설이 끝난 후까지 예술가들이 표현했던 극단적인 사례들을 통해 확인할 수 있다. 모파상(Guy de Maupassant, 1850-1893)이 파리의 아름다움을 해치는 철 덩어리 에펠탑이 보이지 않는 곳을 찾기 위해 에펠탑 안에 있는 카페에서 하루를 보냈다는 일화처럼. 그러나 파리에서 1879년부터 1889년까지 10년간에 걸쳐 개최되었던 '만국박람회'는 유럽에서 음악 예술에 종사하는 사람들의 창작에 변화를 주었다. 이곳에서 접한 비서구 음악, 즉 유럽 밖의 음악은 유럽 음악인들뿐만 아니라 음악애호가들에게 새로운 시야를 열어주었다. 아프리카나 아시아 음악은 조성을 중심으로 했던 서양음악과는 분명 다른 모습을 전해 주었던 것이다. 20세기로 넘어오는 과도기는 전통적인 서양음악에서도 변화를 꾀하고, 새로운 방향을 찾고 있던 복잡한 시기였다. 그 시기에 인상주의 음악을 대표하는 드뷔시(Claude Debussy, 1862-1918)는 비서구권 민속음악의 5음음계(pentatonic scale), 온음으로만 나열된 온음음계(whole-ton scale) 등을 사용하면서 인상주의 회화에서 뚜렷한 선이 포기되는 것과 같은 모습을 음악진행에서 보였다. 그리고 전통적인 조성음악을 규정하는 종지로 향하는 움직임도, 리듬의 흐름도 규칙적인 구성도 자유로워졌다.

20세기로의 과도기에 드뷔시처럼 순수한 음악요소만으로 새로운 길을 찾으려던 작곡가와 더불어 과학기술의 도움을 적극적으로 받은 이들도 많았다. 헝가리 출신 작곡가 바르톡(Béla Bartók, 1881-1945)은 민속음악 소재를 수용하여 현대적 어법으로 재해석한 작품들로 알려졌는데, 그가 민속음악을 연구하는데 있어 중요하게 사용했던 것이 '축음기'였다. 바르톡은 에디슨(Thomas Alva Edison, 1847-1931)이 발명한 축음기를 사용해 1907년부터 헝가리를 비롯한 유럽의 여러 국가와 지역의 민속음악을 녹음하고, 채보하고 연구하여 자신만의 독자적인, 즉 서양음악 언어를 벗어나는 새로운 작품을 작곡했다. 전통적인 작곡기법 위에 새롭게 체험한 음악요소를 조합할 수 있었던 것은 분명 수 없이 반복해서 듣고 연구할 수 있게 해준 축음기의 기술적 도움이 컸다. 그의 피아노작품집 《미크로코스모스 제6권》(Mikrokosmos VI)에 포함된 140번 〈자유변주곡〉을 들여다보면, 기존의 조성음악에서는 찾을 수 없는 다양한 요소들이 있다(악보 3).

바르톡,《미크로코스모스 제6권》140번 〈자유변주곡〉

조성음악에서는 3도씩 쌓은 3화음이 기본인데, 이 곡에서는 그런 3화음을 사용하지 않았다. 그리고 박자의 경우에도 매 마디마다 자유롭게 리듬을 변화시키거나, 박자도 비례적인 분할을 하지 않았다. 예를 들어 9/8박자의 경우 조성음악이었다면 8분 음표 9개를 3+3+3으로 나누는 것이 일반적인데, 바르톡은 이를 4+3+2로 나누어 놓은 것이다(악보 3의 마디 9). 이러한 다양한 새로운 시도는 조성음악에서는 들을 수 없는 음향을 만들어 낸다.

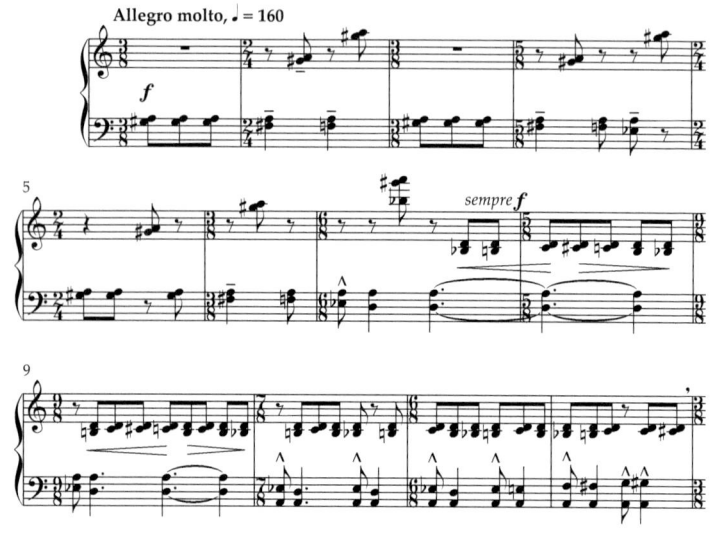

[악보 3] 바르톡, 《미크로코스모스 제6권》, 140번 〈자유변주곡〉, 마디 1-12

바르톡이 박자를 불규칙하게 나눈 배경에는 민속적인 요소의 수용 외에도 그의 수학적 사고가 포함되어 있다. 그 수학적 방식은 이미 미술이나 음악에서 아주 오래 전부터 예술가들이 사용했던 것이기도 했다. 바로 피보나치 수열(Fibonacci sequence)[8]이 그것이다.

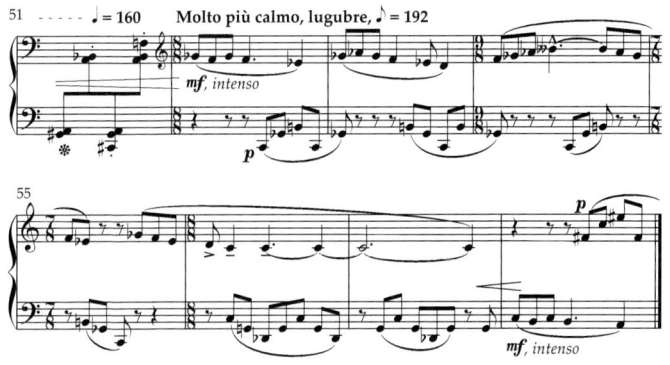

[악보 4] 바르톡, 《미크로코스모스 제6권》, 140번 〈자유변주곡〉, 마디 51-58(0:41-1:06)

바르톡의 《미크로코스모스》 중 140번 〈자유변주곡〉은 총 82마디로 작곡되었다. 이 곡은 마디 52부터 박자나 빠르기로 인해 분위기가 달라진다(악보 4). 리듬적인 움직임이 강했던 앞부분의 흐름이 선율적인 내용으로 바뀌는 마디 52는 바로 피보나치 수열의 앞의 수와 다음 수를 나누었을 때 근접하는 황금분할점인 것이다. 몬드리안(Piet Mondrian, 1872-1944)이 그림에서 이 수열을 사용한 작품을 다수 보였던 것처럼, 20세기 예술가들에게 피보나치 수열은 큰 의미를 주었는데, 바르톡 역시 그 방법을 직접 작곡에 사용했던 것이다.

2차 산업혁명과 때를 같이 하는 인상주의 예술 그리고 민족주의 음악이 과학의 발달과 간접적으로 연결되었지만, 시간이 지나면서 20세기 전반에 과학기술을 창작에 적극 받아들인 예술가들이 등장한다. 미술에서는 뒤샹(Marcel Duchamp, 1887-1968), 에른스트(Max Ernst, 1891-1976) 그리고 음악에서는 부조니(Feruccio Busoni, 1866-1924), 사티(Erik Satie, 1866-1925), 플아이한(Anis Fuleihan, 1900-1970) 등을 예로 들 수 있다.

19세기 후반 프랑스의 심리학자이자 사진작가였던 마레(Étienne-Jules Marey, 1830-1904)는 달리는 말의 모습을 연속으로 찍은 사진을 내놓는다(그림 6). 이 사진술에 영향을 받은 뒤샹은 움직이는 대상을 표현하는 시각언어를 개발하였고, 그것을 반영한 작품인 《계단을 내려오는 누드 넘버 2》(Nude descending a staircase No. 2)를 1912년 창작했다.

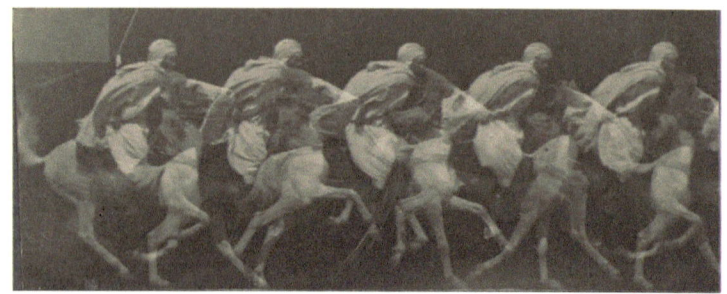

[그림 6] 마레, 《아랍 말의 달리기》(1887)

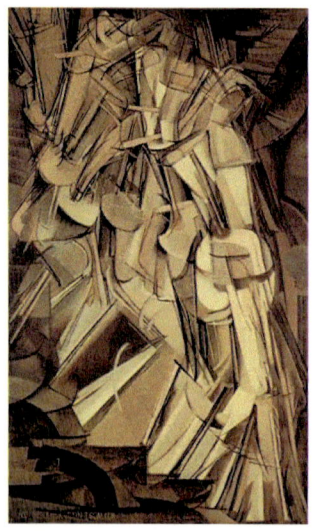

[그림 7] 뒤샹, 《계단을 내려오는 누드 넘버 2》

뒤샹이 움직임에 관한 논의와 4차원인 시간을 융합한 새로운 시각 언어를 제시했다면, 음악에서는 비엔나에서 활동한 작곡가들이 완전히 새로운 음악체계를 선보였다. 쇤베르크(Arnold Schönberg, 1874-1951), 베르크(Alban Berg, 1885-1935), 베베른(Anton Webern, 1883-1945)으로 구성된 이 작곡가 그룹은 기존의 조성음악에서의 조성 자체를 벗어나는 무조음악(atonal music)을 추구했다. 나아가 더 완벽한 무조성 음악을 위해 쇤베르크는 새로운 체계인 12음기법(twelve-tone technic)을 고안하였다. 그들이 작곡기법으로 삼은 12음기법의 구성 체계는 단순한 음의 조합을 넘어 수학적인 틀을 토대로 이루어진다.

3) 예술과 전기의 만남

예술 특히 음악에서 과학이나 수학적 지식을 토대로 한 창작이 20세기 들어 아무리 의미가 커졌다 해도 실제 전자적 힘을 이용한 창작물에 대한 놀라움과 의미는 훨씬 더할 것이다. 전자음악이나 전자악기를 말하면 자연스럽게 과학과 음악이 밀접한 관계로 발전하고 있다는 것을 쉽게 이해할 수 있다. 그런 전자음악의 시작은 사실 20세기보다는 훨씬 이전, 18세기 중반에 이미 시도된 적이 있었다.[9] 그러나 전기의 힘을 이용해 소리를 만들어내는 작업은 19세기 후반에 본격적으로 등장했다. 1897년 미국 발명가인 케이힐(Thaddeus Cahill, 1867-1934)은 '텔하모니움'(Telharmonium) 또는 '다이나모폰'(Dynamophon)[10]이라 명명된 기계를 발명했다. 기관차 크기의 엄청난 기계였지만, 그는 이 기계를 가지고 모든 반음에 전기적인 힘이 작용할 수 있게 하였다. 이 기계는 음악과 과학 기술의 구체적인 만남이다. 전자적 힘을 빌린 새로운 음향 추구의 흐름으로 부조니는 1907년 자신의 논문 "음예술의 새로운 미학 초고"(Entwurf einer neuen Ästhetik der Tonkunst)에서 케이힐이 발명한 다이나모폰을 이용한 1/3음(미분음)을 제시하면서 음악에서의 새로운 가능성을 보여주었다. 1920년대는 전자적 힘을 활용하려는 다양한 시도가 넘쳐 났다. 독일의 마거(Jörg Mager, 1880-1939)는 부조니의 영향을 받아 미분음의 정확한 음정을 낼 수 있는 '엘렉트로폰'(Elektrophon, 1921)과 '스페로폰'(Sphärophon, 1928)을 잇달아 발명했다. 비슷한 시기인 1923년에 레닌그라드 국립물리기계연구소에서 테레민(Leon Theremin, 1896-1993)이 기계적으로 진동수를 조작하여 가청음역대 소리를 재생할 수 있는 '에테로폰'(Ätherophon)을 발명하였다. 같은 해 프랑스 출신 마르트노(Maurice Martenot, 1898-1980)는 테레민을 만났고 에테로폰을 보고 영감을 받아 새로운 기계를 만들었다. '옹드 마르트노'(Ondes Martenot)라고 불린 이 기계는 음높이뿐만 아니라 음색이나 강약을 조절할 수 있으면서 이제 단순한 전자기계에서 악기로서의 모습을 보였다. 이 악기는 이후 메시앙(Olivier Messiaen, 1908-1992)을 비롯한 많은 음악가들에게 영향을 끼치게 된다.[11]

　　새로운 음향 창출에 대한 적극적인 사고와 전기를 이용한 새로운 악기 개발은 20세기 후반 3차 산업혁명 진행 속에서 '전자음악'(Elektonische Musik/ Electronic music)으로 자리 잡았다. 그리고 기술의 발달과 정보의 디지털화와 함께 컴퓨터음악(Computer music)으로 발전하게 된다. 이런 새로운 악기 개발은 12음기법을 시작으로 한 수학적, 통계학적 작곡방법으로 극도로 복잡해서 인간이 연주하기에는 거의 불가능했던 음악 연주를 가능케 했다.

　　그렇지만 이런 편리한 기술이 예술에 완전하게 도움이 된 것도 아니었다. '작곡'과 '연주'라는 독립된 개념을 와해했고, 전통적인 악기 음색에 익숙한 청중들에게 인공적 음향으로 인해 어색함과 거리감까지도 주었다. 이러한 문제점을 가장 먼저 인지하고 해결하고 싶었던 이들은 음악가들이었다. 그들은 과학의 발달을 거부하기도 했겠지만 더 적극적으로 활용 가능성을 타진한 끝에 21세기에 들어 AI 예술을 논하는 지점까지 이끌었다. 디지털 테크놀로지는 예술의 범주를 미술, 음악, 문학, 무용 등의 구분을 불필요하게 하는 통합예술로 묶었다. 다시 말해 현시점에서 예술 = 미술, 예술 = 음악 등과 같은 논의는 불필요해졌다는 것이다. 이제 우리는 '보는 음악, 듣는 미술'의 시대에 살고 있고, 이 예술의 창작이 인간이 아닌 AI에 의해 이루어지는 것을 경험하게 되었다.

미술과 음악의 통합으로 이루어진 시각화된 음악은 20세기 전반부터 아날로그 한 모습으로 존재했다. 2017년 카셀 '도큐멘타 14'(Documenta 14)에 전시되었던 크로매틱 드로잉(Cromatic drawing)[12] 6점은 작곡가 비슈네그라드스키(Ivan Wyschnegradsky, 1893-1979)가 1943-1950년 사이에 색과 소리의 유사성을 연구한 작품들이다. 비슈네그라드스키의 미분음을 이용한 창작은 부조니의 1/3음에 대한 사고와 다르다고 할 수는 없다. 다른 점은 바로 비슈네그라드스키는 그 미분음을 가시광선 스펙트럼의 12색으로 표시하고, 음악을 그림으로 그린 것이다. 이 악보 그림들은 회화 작품으로 전시되면서 음악적 공감각을 경험하게 한다.

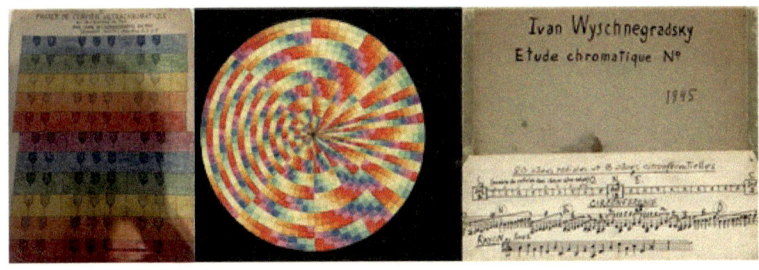

[그림 8] 비슈네그라드스키, Projet de clavier ultra chromatique(1943),
반음계 연습곡(Etude chromatique)

비슈네그라드스키, 《반음계 연습곡》

음과 색의 관계를 비슈네그라드스키가 회화로 보여주었다면, 그보다 오래 전에 러시아 작곡가 스크리아빈(Alexander Scriabin, 1872-1915)은 피아노에 전기장치를 연결하여 음을 색으로 볼 수 있는 작업을 했다. 그의 교향시《프로메테우스-불의 시》(promethee le poeme de feu, 1910)를 위해 발명한 색광피아노 (clavier à lumières)[13]는 청각예술인 음악의 시각화를 꾀한 융복합의 초기 형태이다.

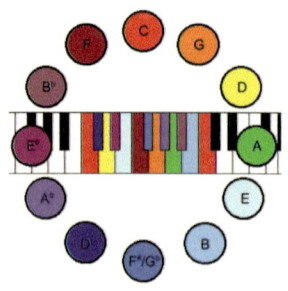 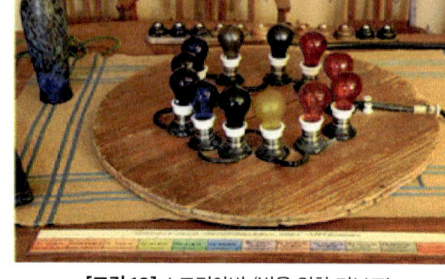

[그림 9] 스크리아빈의 음과 색의 관계   [그림 10] 스크리아빈, '빛을 위한 키보드'

 스크리아빈,《프로메테우스-불의 시》

백남준(Nam June Paik, 1932-2006)이 1960년대부터 TV라는 가전제품을 통해 '보는 음악, 듣는 미술'을 창작으로 보여 주었다. 1963년 독일의 부퍼탈에서 개최되었던 그의 첫 번째 개인전《음악의 전시-전자 텔레비전》(Exposition of Music – Electronic Television)에서는 청각과 시각의 합을 이루는 경험을 할 수 있었다.

"세 번째 유형의 TV에는 발로 누르는 스위치가 부착되어 스위치를 자극하면 스크린에 불꽃같은 점이 생겨나도록 조정되었다. 관람객이 발판 스위치를 작동하거나 확성기에 말을 하면 광원의 불꽃이 일어나고, 이는 확성기에 연결되어 증폭기를 통해 화면에 불꽃 점들을 만들어 내는 것이다."[14]

《음악의 전시-전자 텔레비전》에 있는 TV에 대한 오희숙의 글에서 우리는 두 가지 중요한 점을 생각할 수 있다. 우선 예술가 스스로가 아닌 관객이 작품 창작에 직접 참여한다는 점이다. 이는 창작에서 예술가 본인이 아닌 타인, 즉 관람객에 의한 행동이 작품의 최종 결과를 만들어 내면서 창작의 완성이 작가의 독자적인 영역을 벗어난 모습을 보였다. 그리고 또 하나는 이 전시가 음악이 주제로 제시되었음에도, 인용문을 읽으면서 '음악이 어디에 있는데?'라는 궁금증을 유발했다는 점이다. 이러한 궁금증은 우리가 '음악은 아름다운 소리로 조화를 이룬다.'라고 여기는 일반적인 생각에서 나오는 아주 자연스러운 현상에서 시작된 것이다. 하지만 이 전시회 훨씬 이전인 20세기 초반부터 이미 듣기 좋은 아름다운 소리뿐만 아니라, 소음까지도 음악적 매개체 중의 하나로 수용되었다. 그래서 백남준의 작업에서의 소리는 더 이상 궁금증의 대상이 아닐 수도 있다. 왜냐하면 '음'이라는 개념, 즉 '좋은 소리'와 연결되는 개념은 이미 전자음악, 컴퓨터 음악뿐 아니라, 조성을 거부하는 음악 창작 그리고 고전적인 악기의 소리를 버리고 새로운 음색을 찾는 과정에서 '소음'을 흡수하는 단계로 확장되었기 때문이다. 그러므로 증폭기를 통해 들리는 '지지직~', '찡' 등과 같은 전자적 소리들의 합은 이 전시에서 음악이 된다.[15]

디지털 혁명으로 인한 예술 영역의 경계넘나들기는 지금도 우리가 전시회장을 찾았을 때 종종 접한다. 분명 조각 작품을 관람하거나 또는 그 앞을 무심코 지나갈 때 기대치 않았던 소리를 듣기도 한다.[16] 이런 전시를 경험했을 때, 우리는 21세기 현 시점 예술의 범위는 확장되고, 여러 유형들이 통합되거나 융합되는 방향으로 흐르기에 예술이라는 개념 또한 규정할 수 없음을 직감한다.

이런 흐름 속에서 본 책을 마무리하는 글은 좀 아날로그 감성으로 하고 싶다. 백남준의 작품에서 우리는 음향과 영상을 감상하고, 청각 그리고 시각예술을 동시에 경험할 뿐만 아니라, 그 자체를 하나의 조형물로 생각하기도 한다. 그냥 신기하고, 약간은 기괴하다고 생각하며, '이게 음악?, 이게 미술?'하면서 고개를 갸웃거리게 만드는 작품들은 디지털아트 그리고 미디어아트에서 뿐만 아니라, 현실에서도 실현되기도 한다. 그렇게 청각과 시각의 결합을 통해 하나의 완성된 무대 위의 작품으로 관람객들 눈앞에 펼쳐 놓은 경우를 '브레겐츠 페스티벌'(Bregenzer Festspiel)에서도 만날 수 있다. 보덴호수(Bodensee) 위에 설치된 오페라 무대는 공연이 없을 때에는 조형물로서 '보는 미술'이라는 전통적 의미를 갖는다. 그러나 오페라가 공연되는 무대는 '보는 음악, 듣는 미술'로 청자들에게 전환된다.

이 넓은 세상 속에서 이루어지는 예술을 우리는 굳이 그곳에 찾아가지 않아도 볼 수 있는 시대에 살고 있다. 우리 마음속에 있는 예술이라는 개념을 확장한다면 다양한 것을 보고, 느끼고, 듣고, 감탄할 수 있을 것이다. 그렇게 접한 무언가가 우리의 삶을 풍요롭게 하고 삶의 고단함을 정화시킨다면, 그것이 예술이 아닐까?

미주

1. 알베르티(Leone Battista Alberti, 1401-1472)는 『회화론』(Della Pittura, 1435)에서 비례에 의한 원근법적 구성의 기본개념을 밝혔다.

2. 대기 원근법은 '연기와 같은'이라는 이탈리아어를 어원으로 하는 스푸마토(sfumato)기법을 활용한 것이다. 스푸마토기법은 물체와 공간과의 관계를 표현하기 위해 물체의 윤곽선을 자연스럽게 번지듯 그리는 명암법이기도 하다.

3. 임경순, "과학기술 혁신과 예술", 『한국과학기술학회 학술대회』, Vol. 2018/04, 18.

4. 크리스토포리는 자신이 제작한 건반악기에 '여리게 그리고 세게 소리를 낼 수 있는 쳄발로'(gravicembalo col piano e forte)라는 명칭을 붙였으며, 이 명칭에서 훗날 '피아노포르테'(Pianoforte)라는 현재의 악기명을 얻게 된다.

5. 그러나 피아노를 배운 사람들은 《비창소나타》에 페달표시가 있는 악보를 보았을 것이다. 이런 악보를 해석판이라 하는데, 이 해석판은 에디터가 당시의 악기 발달 그리고 청중들의 청취 습관을 반영하여 원 작품을 재해석한 것이다.

6. 발페달 사용이 19세기 후반까지도 쉽지 않았다고 섣불리 판단할 수는 없지만, 브라이트코프 앤 헤르텔에서 1862년 출판한 이 작품의 악보에도 페달표시가 없다.

7. 임경순, "과학기술 혁신과 예술", 11.

8. 1, 1, 2, 3, 5, 8, 13, 21, 34, 55, 89…으로 나열되는 피보나치 수열은 선행수와 후행수의 비율, 즉 후행수를 선행수로 나누어 나오는 1.618에 근접하게 된다. 이것을 바로 황금비율(golden section)로 또는 파이(phi)로 설명된다.

9. 전자악기는 아니어도, 전자를 이용해 소리를 만들었던 악기가 18세기에 발명되기도 했다. 프랑스의 발명가 들라보르드(Jean-Baptiste Thillais Delaborde, 1730-1777)는 1750년대 마찰을 이용해 발생되는 정전기를 소리로 만드는 장치를 만들었다. 그는 이 장치의 명칭을 '전자 클라브생'(Clavessin électrique)으로 붙이면서 클라브생이란 악기명을 주었지만, 실제 연주에는 활용되지는 못했던 것으로 알려진다. 그렇지만 역사상 전자적 힘을 이용해 소리를 만들어낼 수 있는 악기와 같은 기계를 처음 확인할 수 있는 자료가 되었고, 이후 실제 전기를 이용한 소리나 악기의 등장은 오랜 시간이 지난 20세기 즈음에야 볼 수 있다.

10. 1897년 케이힐이 제작한 '텔레하모니움'(Teleharmonium) 또는 '다이나모폰'(Dynamophon)은 최초의 전기 기계 악기로 평가된다.

11. 옹드 마르트노는 7옥타브 범위의 건반악기 형태를 갖추고, 오른손으로 소리를 만들어내면, 왼손으로 그 소리의 강약과 음색을 제어할 수 있다. 이 악기를 사용했던 작곡가들로

는 미요(Darius Milhaud, 1892-1974), 오네게르(Arthur Honegger, 1892-1955), 졸리베 (André Jolivet, 1905-1974), 바레즈(Edgar Varèse, 1883-1965) 등이 있다.

12. 본 책의 저자가 다녀온 2017년 카셀 '도큐멘타 14'에는 바슈네그라드스키의 크로매틱 드 로잉 6점이 전시되었다. 이에 대한 더 자세한 정보는 아래 사이트에서 확인할 수 있다. https://www.documenta14.de/en/artists/22761/ivan-wyschnegradsky

13. 이 악기는 1915년 뉴욕시에서 열린 《프로메테우스: 불의 시》의 공연을 위해서 만들어졌 다.

14. 오희숙, "음악과 테크놀로지: 백남준(1932-2006)과 이돈응(1958-)의 작품을 중심으로", 『음악이론연구』 12(2007), 129.

15. 백남준의 '보는 음악, 듣는 미술'은 《TV첼로와 비디오테이프의 협주곡》(1971)이라는 작 품에서 좀 더 쉽게 볼 수 있다. 첼로의 몸체가 된 TV수상기와 그 위에 연결된 4개의 현 을 연주자는 첼로와 같이 연주한다. 첼리스트가 현과 활을 통해 연주할 때 진동이 전기 적으로 증폭되고, 이로 인해 첼로의 몸통인 TV화면이 시각적으로 변화하는 움직이는 화 면을 창출한다.

16. 이런 작업은 스피커 원리를 변형시킨 사운드 인스텔레이션(Sound Installation)이라는 창 작 경향이다.